Valentin Kirschgruber

Das Wunder der Rauhnächte für die ganze Familie

kailash

VALENTIN KIRSCHGRUBER

Das Wunder der Rauhnächte

für die ganze Familie

Gemeinsam mit Kindern
die magische Zeit zwischen
den Jahren erleben

kailash

Inhalt

Vorwort

In der Stille des Winters, wenn der Schnee die Landschaft in ein glitzerndes Weiß taucht und die Natur zur Ruhe kommt, beginnt eine ganz besondere Zeit – die Zeit der Rauhnächte. Für mich waren diese Tage zwischen den Jahren neben Weihnachten die wohl wichtigste Phase des Jahres. Die Erfahrungen von damals haben mich geprägt und nachhaltig beeinflusst.

Als Kind auf der Alm erlebte ich die Rauhnächte als eine Zeit, in der wir als Familie so nah zusammenrückten wie sonst nie. Der landwirtschaftliche Betrieb ruhte weitgehend, die Schule blieb geschlossen und die Welt um uns herum schien den Atem anzuhalten. In dieser besonderen Atmosphäre entfaltete sich ein Zauber, der mich bis heute nicht losgelassen hat.

Als Wächterin über das alte Brauchtum prägte meine Großmutter, deren wertvolle Erinnerungen und Weisheiten ich in den folgenden Kapiteln mit euch teilen möchte, unser Erleben der Rauhnächte ganz entscheidend. Während dieser Zeit mahnte sie uns Kinder besonders zur Eintracht, da Streit Unheil bringen könnte.

An den langen Winterabenden, wenn das Kaminfeuer knisterte und draußen der Frost herrschte, verzauberte sie uns mit Erzählungen von der Wilden Jagd, Frau Percht und anderen mystischen Wesen dieser Schwellenzeit. Damals wäre wohl niemand auf die Idee gekommen, diese Erzählungen als ungeeignet für Kinderohren zu empfinden. Im Gegenteil: Auch die Kleinen sollten früh mit den grundlegenden Wahrheiten des Lebens vertraut werden. Die Gegensätze von Licht und Finsternis, Gut und Böse, Werden und Vergehen galten als wichtige Lehre über das Leben. Und wenn ich mich heute zurückerinnere, scheint es mir, als hätten wir Kinder diese fundamentalen Lebensgesetze oft unbefangener und natürlicher aufgenommen als viele Erwachsene.

In unserem Dorf wurden die Rauhnachtsbräuche mit einer Selbstverständlichkeit gepflegt, die tief im Alltag verankert war. Meine Eltern und Großeltern lehrten uns Kinder, diese Tage mit besonderer Umsicht zu begehen. Der ehrfürchtige Respekt vor dem Übersinnlichen war für uns so natürlich wie die Regel, dass man auf Friedhöfen nicht spielen darf.

In unserer modernen, schnelllebigen Welt können wir die Rauhnächte natürlich nicht mehr so begehen, wie das auf der Alm vor 70 Jahren möglich war. Und trotzdem – oder gerade deshalb – bietet diese Zeit gerade auch heute eine wunderbare Chance für Erwachsene und Kinder, wieder näher zusammenzukommen, gemeinsam innezuhalten und den Zauber dieser besonderen Tage zu spüren.

Mit diesem Buch möchte ich euch einladen, die Rauhnächte als Abenteuerreise zu erleben – eine Zeit, um neue Erfahrungen zu sammeln, Spaß zu haben, aber auch achtsamer zu lauschen, zu beobachten und zu spüren.

Insbesondere möchte ich in den folgenden Kapiteln eine reiche Sammlung an Spielen, Ritualen und Rezepten anbieten, um euch eine erfüllende Rauhnachtzeit mit den Kindern zu ermöglichen. Letztlich dienen alle Anregungen dazu, die Reise durch diese besondere Zeit bewusst und gemeinsam zu gestalten – verbunden durch uralte Traditionen in einem modernen Gewand.

Ich wünsche euch von Herzen viel Freude mit diesem Buch und den darin enthaltenen Anregungen. Möge es euch inspirieren, die Rauhnächte gemeinsam zu erleben und die besonderen Momente in vollen Zügen zu genießen. Auf eine bereichernde und verbindende Reise durch diese magische Zeit!

Euer Valentin Kirschgruber

Die Rauhnächte gemeinsam feiern

Wenn ich an einigen wenigen Stellen das Wort »Eltern« benutze, so hat das pragmatische Gründe und liegt daran, dass ich den Begriff »Erziehungsberechtigte« nicht mag. Es ist aber natürlich völlig egal, ob du mit oder ohne Trauschein, in traditioneller oder gleichgeschlechtlicher Partnerschaft zusammenlebst oder ob du alleinerziehend bist. Letztlich möchte ich alle Erwachsenen ansprechen, die Kinder begleiten und bereit sind, gemeinsam mit ihnen zu wachsen und die Verbundenheit zu pflegen. Mit »Eltern« sind also auch Großeltern, Patinnen, Paten, volljährige Geschwister, Pflegeeltern und so weiter gemeint.

Was du über die Rauhnächte wissen solltest

Da du dieses Buch in den Händen hältst, weißt du vermutlich längst, was die Rauhnächte sind und worum es geht. Vorsichtshalber möchte ich trotzdem einen kurzen einleitenden Überblick geben.

Die Rauhnächte, auch als »Zwölften« oder »Wolfsnächte« bekannt, bezeichnen die zwölf besonderen Tage und Nächte zwischen dem 25. Dezember und dem 6. Januar. Diese Zeit wurde seit Jahrhunderten als magisch und geheimnisvoll angesehen – eine Phase, in der die Grenzen zwischen den Welten durchlässiger sind und die Natur stillzustehen scheint. Die Rauhnächte sind Bestandteil der mitteleuropäischen Spiritualität, deren Bräuche teilweise bis in die germanische Kultur zurückreichen.

Die erste Rauhnacht beginnt zur Mitternacht des Heiligen Abends und endet am 25. Dezember um Mitternacht. Jede der zwölf Nächte dauert somit einen vollen Tag, von 0:00 bis 24:00 Uhr. Die zwölf Rauhnächte spiegeln symbolisch die zwölf Monate des kommenden Jahres wider. Diese Zeit entspricht interessanterweise auch etwa der Differenz zwischen dem Mond und dem Sonnenjahr, was sie astronomisch zu einer »Zeit außerhalb der Zeit« macht.

Der Begriff »Rauhnächte« hat vermutlich zwei mögliche Ursprünge: Er könnte sich vom »Räuchern« ableiten, einem wichtigen Brauch dieser Zeit, oder vom mittelhochdeutschen »rûch« (haarig, wild).

In früheren Zeiten wurden die Rauhnächte mit vielfältigen Ritualen begangen. Das Räuchern von Haus und Hof zur Reinigung spielte dabei eine zentrale Rolle, ebenso wie verschiedene Formen der Zukunftsdeutung. Den Träumen wurde in dieser Zeit besondere Beachtung geschenkt und viele Schutzrituale und Haussegnungen fanden statt. Die Menschen kamen zusammen, feierten gemeinsam und gaben Traditionen weiter.

Während der Rauhnächte geht es jedoch nur auf den ersten Blick darum, äußere Rituale zu zelebrieren, Kerzen anzuzünden oder Weihrauch zu verbrennen. Viel wichtiger ist es, sich auf das Wesentliche zu besinnen, nach innen zu lauschen und sich neu zu orientieren.

Rauhnächte mit Kindern gestalten

Die Rauhnächte bieten euch einen besonderen Rahmen für wertvolle Familienzeit. Gerade in der oft hektischen Zeit zwischen den Jahren können bewusst gestaltete Rituale helfen, Ruhe und Orientierung zu geben. Sie schaffen Raum für Begegnung, Gespräche und gemeinsames Erleben.

Für Kinder bietet diese besondere Zeit wunderbare Entwicklungschancen. Ihre Naturverbundenheit wird gestärkt, während sie gleichzeitig lernen, achtsam mit sich und ihrer Umgebung umzugehen. Die ruhige, besinnliche Atmosphäre fördert ihre Kreativität und hilft ihnen, innere Stärke und Selbstvertrauen zu entwickeln. Durch die symbolische Arbeit mit den zwölf Nächten entwickeln Kinder ein Gefühl für Zeit und Jahresrhythmen.

Eine kleine Gebrauchsanleitung

Wenn du die Tradition der Rauhnächte zeitgemäß und kindgerecht gestalten möchtest, solltest du dabei immer auf deinen Bauch hören. Es geht letztlich vor allem darum, gemeinsam Zeit zu verbringen, kreativ zu sein und eine Verbindung zur Natur zu entwickeln. Ängstliche oder düstere

Elemente alter Überlieferungen kannst du bewusst in konstruktive, stärkende Bilder verwandeln. Beim gemeinsamen Feiern können Kinder spielerisch die Naturzyklen verstehen lernen und ein tieferes Verständnis für den Jahreskreis entwickeln.

In diesem Buch findest du viele Ideen für kleine Rituale und Bräuche, Bastelanleitungen sowie Anregungen für gemeinsames Backen und Kochen. Für jede Rauhnacht gibt es außerdem eine Fantasiereise zur Entspannung und Inspiration sowie ein Märchen zum Träumen. All das kannst du je nach Thema der jeweiligen Rauhnacht mit deinem Kind oder deinen Kindern umsetzen.

Hauptsache, spielerisch

Bei der Gestaltung der Rauhnächte gibt es nur sehr wenige Regeln:

- Bleibe gelassen.
- Achte darauf, mit Freude dabei zu sein.
- Tue nichts, worauf du oder deine Kinder keine Lust haben.
- Bleibe achtsam.

Alle Anleitungen in diesem Buch sind nur Anregungen, die du jederzeit an eure Bedürfnisse anpassen kannst. Kreativität ist also gefragt. Vieles eignet sich schon für vierjährige Kinder, manches eher für ältere, und natürlich braucht man je nach Alter verschiedene Ansätze. Nutze einfach, was dich anspricht, und verwirf, was für dich oder dein Kind nicht so gut passt.

Für Kinder ist es nicht so wichtig, ob es sich bei einer Aktivität um einen althergebrachten Brauch oder ein Ritual handelt – magische Spiele sind das, was Kinder lieben und was ihnen in Erinnerung bleibt. Die meisten der hier vorgestellten »Spielrituale« und Rezepte kenne ich von meiner Großmutter. Einige habe ich aber auch in befreundeten Familien kennengelernt. Nutze die wunderbare Gelegenheit für dich selbst und deine Familie, die Rauhnächte als eine besondere Zeit zu erleben – fernab von den vielen Verpflichtungen und dem oft allzu grauen Alltag.

Die Zaubernächte – Eine Erklärung für Kinder

Zwischen Weihnachten und dem Tag der Heiligen Drei Könige gibt es eine ganz besondere Zeit: die zwölf Rauhnächte. In diesen Nächten scheinen die Sterne ein bisschen heller zu leuchten, unsere Träume werden bunter, und wenn wir ganz leise sind, können wir sogar hören, wie die Natur ihre geheimnisvollen Wintergeschichten flüstert. Deshalb nennen manche Menschen sie oft auch »Zaubernächte«.

Früher dachten die Menschen, dass die Zeit in diesen Rauhnächten ein kleines bisschen stillsteht. Es ist so, als ob das alte Jahr schon zu Ende wäre, aber das neue noch nicht richtig angefangen hätte – wie eine kleine Verschnaufpause zwischen den Jahren. In dieser besonderen Zeit können wir spannende Geschichten hören, unseren Wünschen lauschen und uns oft recht gut daran erinnern, was wir geträumt haben.

Jede Rauhnacht ist wie ein kleines Geschenk, das etwas ganz Besonderes bringt. In der ersten Nacht können wir uns zum Beispiel an all die schönen Dinge erinnern, die wir erlebt haben. Die zweite Nacht lädt uns ein, ganz still zu werden und zu lauschen. In der dritten Nacht machen wir uns auf Entdeckungsreise und so geht es weiter, bis wir in der letzten Nacht unser eigenes inneres Licht besonders hell leuchten lassen.

Zeit, Neues zu Entdecken

In den Rauhnächten gibt es viele wunderbare Dinge, die wir gemeinsam erleben können. Wir zünden Kerzen an und erzählen uns Geschichten. Wir können Lieder singen und duftende Muffins backen. Auch draußen in der Natur warten viele Entdeckungen auf uns: Zum Beispiel können wir Tierspuren im Schnee suchen oder Wintervögel beobachten. Und wenn es geschneit hat, können wir natürlich auch durch den glitzernden Wald spazieren und die frische Winterluft genießen.

In dieser geheimnisvollen Zeit können wir das alte Jahr mit einem Lächeln verabschieden und uns auf das neue Jahr freuen. Die Rauhnächte erinnern uns daran, dass jeder von uns etwas ganz Besonderes ist und dass wir die kleinen und großen Wunder des Lebens gemeinsam am besten entdecken können.

Eine kleine Gebrauchsanleitung – Praktische Tipps

Die Gestaltung der Rauhnächte mit Kindern sollte vor allem eines sein: eine Zeit der Freude, der Gemeinschaft und der sanften Entdeckungen. Dabei können einfache Rituale und Zeremonien helfen, diese zwölf besonderen Tage zu strukturieren. Eine Kerze anzünden, ein Lied singen, eine Geschichte erzählen – schon solche kleinen Gesten können große Wirkung entfalten.

- Ein kleines **Ritual** für den Beginn jeder Rauhnacht kann einfach schon darin bestehen, gemeinsam eine Kerze anzuzünden. Dabei können alle Familienmitglieder einen Wunsch oder einen Gedanken für den kommenden Tag aussprechen.
- Meditative **Fantasiereisen** sind in dieser Zeit besonders wertvoll. Sie helfen Kindern, zur Ruhe zu kommen und ihre innere Welt zu erkunden. Natürlich ist es immer wichtig, das Ganze altersgerecht zu gestalten. Für kleinere Kinder reichen oft schon kurze geführte Bildreisen von wenigen Minuten. Ältere können sich schon länger auf eine Fantasiereise einlassen und anschließend von ihren Erlebnissen erzählen. Ob es um Märchen oder Fantasiereisen geht: Schaffe eine gemütliche Atmosphäre mit gedämpftem Licht und lege weiche Kissen und Decken bereit.
- **Märchen** spielen in der Rauhnachtzeit eine besondere Rolle. Sie tragen

eine zeitlose Weisheit in sich und sprechen die Seele der Kinder direkt an. Ich habe in diesem Buch einige Märchen ausgewählt, aber es gibt natürlich eine Fülle von Büchern mit Geschichten, die Mut machen und Vertrauen stärken. Gerade in der dunklen Jahreszeit sind Erzählungen wichtig, die vom Licht und von der Hoffnung handeln. Lass den Kindern nach den Geschichten Zeit, das Gehörte zu verarbeiten, vielleicht durch Malen oder im gemeinsamen Gespräch.

- Auch das **Räuchern** mit Kindern ist eine alte Tradition, die auch heute noch gepflegt werden kann. Beginne mit milden Düften wie Lavendel oder Orange. Erkläre den Kindern die Bedeutung des Räucherns als reinigende und segnende Handlung. Wichtig ist dabei natürlich die Sicherheit – es darf nur unter Aufsicht und in gut belüfteten Räumen geräuchert werden. Manchmal reichen auch schon duftende Kerzen, um eine besondere Atmosphäre zu schaffen.

Die Vorbereitung

Schon einige Tage bevor die Rauhnächte beginnen, solltest du vorbereitet sein. Gestalte mit den Kindern einen besonderen Ort, der sich über die zwölf Nächte verändern und verschiedene Themen aufgreifen kann – zum Beispiel einen kleinen Jahreszeitentisch oder eine Rauhnachtecke.

Für die Grundausstattung genügt eine einfache Einkaufsliste, die du natürlich erweitern oder vereinfachen kannst. Die Dekoration sollte schlicht und natürlich sein – weniger ist oft mehr.

Überfrachte die Rauhnachtzeit nicht mit Aktivitäten. Manchmal ist das bewusste Zusammensein, das Lauschen des Winters und das Genießen der besonderen Stimmung oder Naturschätze für den Jahreszeitentisch wertvoller als ein überladenes Programm. Und vor allem: Lass dich von den Bedürfnissen der Kinder leiten.

Die schönsten Momente entstehen oft ungeplant. Bleib offen für die Impulse, Fragen und Ideen der Kinder. Die Rauhnächte sind eine Zeit der Magie – die sich manchmal dort zeigt, wo wir sie am wenigsten erwarten.

Vorschlag für eine kleine Einkaufsliste

Für die Beleuchtung

- verschiedene Bienenwachskerzen
- Teelichter in Gläsern
- stabile Kerzenhalter
- Laternen oder Windlichter

Zum Basteln

- Naturpapiere in verschiedenen Farben
- Goldpapier, Transparentpapier
- Scheren und Bastelkleber
- Buntstifte und Wachsmaler
- Naturbindfaden, schöne Bänder
- Glitzer, Aquarellfarben und Pinsel

Zum Räuchern

- feuerfeste Räucherschale
- Räucherkohle
- milde Räuchermischungen (z. B. Lavendel, Orange, Tanne)
- Feuerzeug/Streichhölzer und feuerfeste Unterlage

Für Notizen

- schönes Notizbuch oder Album
- Stifte
- eventuell Fotoapparat

Für die Dekoration

- schönes Tuch für den Jahreszeitentisch
- Dekorationsschale
- Sterne und winterliche Dekoelemente
- Kordeln und Bänder

In der Natur sammeln

- Tannenzweige, Zapfen, schöne Äste
- besondere Steine
- Federn
- Moose (sparsam)

Für die Küche

- Grundzutaten zum Backen (Mehl, Butter, Eier etc.)
- getrocknete Früchte, Nüsse, Kakao
- verschiedene Teesorten
- Honig
- Gewürze (Zimt, Vanille, etc.)

Sicher ist sicher

- feuerfeste Unterlagen
- Löschdecke
- Erste-Hilfe-Set
- Wasserbehälter fürs Räuchern

1. Zaubernacht

Leb wohl, altes Jahr!

★ 25. Dezember

Die erste Rauhnacht lädt uns ein, gemeinsam mit unseren Kindern innezuhalten und auf das vergangene Jahr zurückzublicken. Wie ein verschneiter Wald, in dem jeder Baum seine eigene Geschichte erzählt, trägt auch jede Familie einen Schatz an Erinnerungen in sich. Diese besondere Zeit bietet die wunderbare Gelegenheit, diese Erinnerungen mit den Kindern zu teilen und ihnen zu helfen, das Vergangene zu würdigen und loszulassen.

Kinder erleben ein Jahr anders als Erwachsene – intensiver, unmittelbarer und oft auch emotionaler. Während wir Erwachsenen häufig in größeren Zeitspannen denken, sind es für Kinder die kleinen Momente, die große Bedeutung haben: der erste Schultag, das neue Fahrrad, der Streit mit der besten Freundin, der Verlust des geliebten Haustieres oder die gemeinsame Urlaubsreise. All diese Erlebnisse haben Spuren in ihren Herzen hinterlassen.

Nimm dir heute Zeit, mit deinen Kindern über diese Momente zu sprechen. Lass sie erzählen, was ihnen wichtig war, was sie glücklich gemacht hat, aber auch was sie traurig oder wütend gemacht hat. Vielleicht entdeckst du dabei Ereignisse, die du selbst schon vergessen hattest, die aber für dein Kind von großer Bedeutung waren.

Die erste Rauhnacht schenkt uns Zeit für Erinnerungen, Zeit für Nähe und Zeit für gemeinsames Wachstum. Lass dich von der Magie dieser besonderen Nacht verzaubern und schaffe mit deinen Kindern Momente, die selbst zu kostbaren Erinnerungen werden.

Die Pusteblume der Erinnerungen

Heute ist eine ganz besondere Nacht – die erste Rauhnacht! Dafür wollen wir eine ganz besondere Pusteblume basteln. Das alte Jahr geht ja jetzt zu Ende und wir wollen uns an all die schönen und all die spannenden Momente erinnern, die wir in diesem Jahr erlebt haben.

Das braucht ihr:

- hellblaues Tonpapier, 50x70 cm, weißes Papier
- Buntstifte und Kleber

Los geht's

Die Erwachsenen schneiden aus dem hellblauen Papier einen großen Kreis aus (etwa 50 cm Durchmesser) und viele kleine weiße Kreise (etwa 8 cm Durchmesser) aus dem weißen Papier – das werden die Samen der Pusteblume.

Setzt euch gemeinsam im Kreis um die blaue Pusteblume. Jedes Familienmitglied bekommt einige weiße Papierkreise. Nun denkt jeder an schöne Momente aus dem vergangenen Jahr:

- Was hat euch zum Lachen gebracht?
- Welche Abenteuer habt ihr erlebt?
- Was habt ihr Neues gelernt?
- Welche besonderen Momente gab es gemeinsam mit euerer Familie oder Freunden?

Jeder malt oder schreibt seine Erinnerungen auf die kleinen weißen Kreise. Das können kleine Bildchen sein oder Worte. Wenn die Kinder noch nicht schreiben können, helfen die Erwachsenen, ein oder zwei Worte dazuzuschreiben.

Nacheinander erzählt jeder von einer seiner Erinnerungen und klebt den entsprechenden »Samen« auf die blaue Pusteblume. Dabei können die »Samen« wie bei einer echten Pusteblume angeordnet werden – einige noch nah in der Mitte, andere schon zum Wegfliegen bereit am Rand.

Die fertige Pusteblume kann als Bild an die Wand gehängt werden und euch durch die Rauhnächte begleiten. Sie erinnert uns daran, dass jedes Jahr voller kostbarer Momente ist, auch wenn wir sie manchmal erst im Rückblick als solche erkennen.

Fantasiereise: Die Reise zum Jahresbaum

(Mit ruhiger, sanfter Stimme vorlesen. Pausen an den … einlegen)

Mach es dir ganz gemütlich und schließ deine Augen. Atme tief ein und aus … Spüre, wie dein Körper ganz ruhig und entspannt wird … Mit jedem Atemzug wirst du ruhiger …

Es ist eine besondere Nacht. Der Winterwind streicht sanft durch die Zweige der Bäume und trägt glitzernde Schneeflocken mit sich … Du stehst auf einer verschneiten Lichtung im Wald … Der Schnee unter deinen Füßen ist weich und erstaunlicherweise ganz warm wie ein warmes Federkissen …

In der Mitte der Lichtung steht ein wundersamer Baum … Es ist der Jahresbaum, der alle Erinnerungen des vergangenen Jahres in seinen Zweigen trägt … Seine Rinde schimmert silbern im Mondlicht …

Geh langsam näher an den Baum heran … In seinen Zweigen siehst du kleine, leuchtende Kugeln … Jede Kugel enthält eine Erinnerung aus dem vergangenen Jahr …

Da ist eine goldene Kugel … sie zeigt dir einen besonders schönen Moment aus dem Frühling … Was siehst du darin? … Lass das Bild ganz deutlich werden …

Eine rote Kugel leuchtet auf … sie trägt eine Sommererinnerung in sich … Vielleicht ein Ausflug? … Oder ein schöner Tag mit der Familie? …

Eine orange Kugel glitzert zwischen den Zweigen … sie zeigt dir einen Herbstmoment … Spürst du noch einmal die warme Herbstsonne? …

Und dort, ganz oben im Baum, schwebt eine kristallklare Kugel … sie funkelt wie eine Schneeflocke und zeigt dir einen besonderen Winteraugenblick …

Der Jahresbaum beginnt sanft zu leuchten … All diese schönen Momente strahlen gemeinsam wie ein warmes Licht … Du darfst dir eine dieser Erinnerungen aussuchen und sie wie einen kostbaren Schatz in deinem Herzen bewahren …

Nun siehst du, wie der Jahresbaum kleine silberne Samen in den Nachthimmel streut … Sie tanzen wie Sterne im Mondlicht … Es sind Samen für neue Erlebnisse und Abenteuer im kommenden Jahr …

Langsam wird es Zeit, Abschied zu nehmen … Bedanke dich bei dem Jahresbaum für all die schönen Erinnerungen … Spüre noch einmal den weichen Schnee unter deinen Füßen …

Atme tief ein und aus … Wenn du bereit bist, öffne langsam deine Augen und komm zurück in unser warmes Zimmer …

Ausklang

- Lass den Kindern einen Moment Zeit, um wieder ganz anzukommen.
- Wer möchte, darf von seiner Lieblingserinnerung aus dem Jahresbaum erzählen.
- Die Kinder können ihre Erlebnisse auch malen.
- Gemeinsam könnt ihr überlegen, welche »Samen« für das neue Jahr ihr euch wünscht.

Der Wintergeister-Tanz

An besonders kalten Winterabenden scheuchten meine Eltern uns Kinder plötzlich von der warmen Ofenbank auf. »Schnell, schnell«, riefen sie dann, »die Wintergeister sind da!« Mit Topfdeckeln und Kochlöffeln bewaffnet zogen wir lärmend durch Haus und Hof. Später erklärte meine Mutter uns mit einem Augenzwinkern: »Die bösen Geister hat's nie gegeben, aber die fröhlichen Kindergesichter nach dem Tanz – die waren echt.«

Das braucht ihr:

- Glöckchen oder Schellen
- warme Kleidung
- Taschenlampen

Los geht's

Zieht euch schön warm an und geht gemeinsam in der Dämmerung nach draußen. Tanzt fröhlich und wild mit euren Glöckchen und Taschenlampen und singt dabei ein schönes Winterlied. So helft ihr mit, die frechen Wintergeister zu vertreiben!

Nach alter Tradition sollten lärmende Umzüge böse Geister vertreiben. Aber Geister gibt's ja gar nicht, oder? Das macht nichts – wir machen daraus eben einen fröhlich-wilden Wintertanz!

Rauhnacht-Rezept: Apfel-Zimt-Muffins

Der Duft von Äpfeln und Zimt ist für mich untrennbar mit meiner Großmutter verbunden. In ihrer Küche gab es keine Messbecher – sie nahm eine Handvoll hiervon, eine Prise davon. »Ein Apfel ist mehr als nur Nahrung«, erklärte sie mir beim Teigkneten, »er ist ein Versprechen. Wenn du einen Apfel isst, schmeckst du den Sommer mitten im Winter.«

Diese herrlich duftenden Apfel-Zimt-Muffins schmecken nicht nur sehr lecker, es macht auch Spaß, sie gemeinsam mit anderen zu backen.

(FÜR 12 MUFFINS)

Zutaten für den Teig

- 250 g Mehl
- 2 Teelöffel Backpulver
- 1 Teelöffel Zimt
- 1 Prise Salz
- 125 g weiche Butter
- 125 g Zucker
- 2 Eier
- 150 ml Milch
- 2 süße Äpfel

und für die Zimtkruste

- 50 g geschmolzene Butter
- 50 g Zucker
- 1 Teelöffel Zimt

Und was sonst?

- Muffinform für 12 Muffins
- 2 Schüsseln, Schneidebrett und Handrührgerät
- Papierförmchen
- Apfelschäler oder Messer

Los geht's

- Die Zubereitung beginnt mit dem Vorheizen des Backofens auf 180 °C Ober-/Unterhitze. Während der Ofen aufheizt, könnt ihr die Muffinform mit den Papierförmchen bestücken und die Äpfel waschen und in kleine, mundgerechte Würfel schneiden.
- Für den Teig arbeitet ihr in zwei Schritten: Zunächst vermengt ihr in einer Schüssel die trockenen Zutaten – also das Mehl, Backpulver, Zimt und Salz. In einer zweiten Schüssel widmet ihr euch den feuchten Zutaten: Die weiche Butter wird mit dem Zucker schaumig gerührt, dann kommen nacheinander die Eier hinzu und schließlich wird die Milch untergerührt. Nun vereint ihr beide Mischungen, wobei ihr den Teig nur kurz und vorsichtig verrührt. Zum Schluss werden die Apfelwürfel behutsam untergehoben.
- Der fertige Teig wird gleichmäßig in die vorbereiteten Förmchen verteilt und für 20–25 Minuten gebacken. Mit der klassischen Stäbchenprobe könnt ihr die Garzeit überprüfen.
- Nach einer kurzen Abkühlphase folgt der krönende Abschluss: die Zimtkruste. Dafür taucht ihr die noch lauwarmen Muffins erst in geschmolzene Butter und dann in eine Mischung aus Zucker und Zimt.

Wenn ihr mit Kindern backt, achtet besonders darauf, dass sie beim Schneiden der Äpfel Hilfe bekommen und vom heißen Ofen fernbleiben. Ein Eisportionierer kann das Verteilen des Teigs für Kinderhände erleichtern. Die Zimtkruste lässt sich auch vereinfacht nur oben aufstreuen.

Die Wahl von Apfel-Zimt-Muffins für die erste Rauhnacht ist kein Zufall: Äpfel werden traditionell als Glücksbringer geschätzt, während der warme Zimtduft die Küche in eine behagliche Atmosphäre taucht. Das gemeinsame Backen wärmt nicht nur das Haus, sondern auch die Herzen der Familie, und die warmen Muffins sind der perfekte Begleiter für eine kalte Winternacht.

Leckere Variationen

Wer gerne experimentiert, kann die Muffins nach seinen Wünschen abwandeln: Statt Äpfeln eignen sich auch Birnen, der Teig lässt sich mit gehackten Nüssen oder Rosinen bereichern und für einen festlichen Glanz sorgt essbarer Goldstaub auf der Kruste.

Märchen: Der Schneeflockensammler

In einem kleinen Dorf am Fuße der Berge lebte einmal ein alter Mann namens Theodor. Die Kinder im Dorf nannten ihn den Schneeflockensammler, denn jedes Jahr, wenn die erste Rauhnacht kam, ging er mit einem roten Koffer in seinen großen Garten und sammelte Schneeflocken.

»Was macht er bloß mit all den Schneeflocken?«, fragten die Kinder. »Die schmelzen doch!« Ihre Eltern wussten es auch nicht und schüttelten die Köpfe über den wunderlichen Theodor. Vielleicht war er nicht ganz richtig im Kopf? Theodor aber lächelte jeden freundlich an – seinen Koffer aber öffnete er nie vor anderen Menschen.

Die kleine Marie war besonders neugierig. In der ersten Rauhnacht – der Schnee fiel in großen, weichen Flocken – fasste sie sich ein Herz. Sie zog ihre wärmste Mütze an, wickelte sich in ihren Winterschal und folgte Theodor.

Der alte Mann stand mitten im Schneegestöber, den geöffneten Koffer vor sich. Marie versteckte sich hinter einem Busch und beobachtete ihn. Theodor hob vorsichtig seine Hände und fing eine besonders große Schneeflocke. Dann beugte er sich über seinen Koffer und flüsterte etwas.

Marie traute ihren Augen kaum: Die Schneeflocke begann sanft zu leuchten! Theodor legte sie behutsam in den Koffer, wo sie weiter glitzerte, ohne zu schmelzen. Eine nach der anderen fing er die schönsten Schneeflocken und jede einzelne verwandelte sich in ein kleines, leuchtendes Kunstwerk.

Marie konnte sich nicht länger zurückhalten. »Wie machst du das?«, platzte sie heraus und hielt dann erschreckt die Hand vor den Mund. Theodor drehte sich um und lächelte. Er war gar nicht überrascht, sie zu sehen. »Komm her, Marie«, sagte er freundlich. Woher kannte er nur ihren Namen?

Marie hatte zwar ein wenig Angst – aber Mut kann man ja nur haben, wenn man Angst hat. So trat sie also mutig näher und schaute in den Koffer. Darin lagen Dutzende leuchtender Schneeflocken, jede einzigartig und wunderschön.

»Das sind die Erinnerungen des vergangenen Jahres«, erklärte Theodor. »Jede Schneeflocke ist ein ganz besonderer Moment. Schau mal diese hier – das war der erste Frühlingstag, als die Krokusse blühten.«

Die Schneeflocke glitzerte in allen Farben des Frühlings. Eine andere schimmerte golden wie ein Sommertag und eine dritte leuchtete in warmen Herbstfarben.

»In der ersten Rauhnacht«, sagte Theodor, »können wir die schönsten Momente des vergangenen Jahres finden. Sie erinnern uns daran, dass jeder Tag etwas Besonderes in sich trägt, genau wie jede Schneeflocke einzigartig ist.«

Er nahm Maries Hand und legte sie sanft unter eine fallende Schneeflocke. »Denk an etwas Schönes, das du dieses Jahr erlebt hast«, flüsterte er.

Marie schloss die Augen und dachte an den Tag, als ihr kleiner Bruder als Baby zum ersten Mal gelacht hatte. Als sie die Augen öffnete, lag eine rosa schimmernde Schneeflocke auf ihrer Hand.

»Siehst du?«, sagte Theodor. »Jetzt bist du auch eine Schneeflockensammlerin.«

Von da an gingen Marie und Theodor in jeder ersten Rauhnacht gemeinsam auf Schneeflockensuche. Sie sammelten die schönsten Momente des Jahres und bewahrten sie in Theodors rotem Koffer auf. Und wenn die Tage besonders grau waren, öffneten sie den Koffer einen kleinen Spalt und ließen sich von den leuchtenden Erinnerungen wärmen.

Im Dorf erzählt man sich, dass man in klaren Rauhnächten manchmal ein sanftes Leuchten aus Theodors Garten sehen kann. Und wenn man ganz genau hinschaut, sieht man vielleicht eine kleine Gestalt und eine große, die gemeinsam Schneeflocken fangen. Dann weiß man: Die Schneeflockensammler sind wieder dabei, die Magie der Erinnerungen zu bewahren.

Gesprächsimpulse für nach der Geschichte

- Welche besonderen Momente würdet ihr als leuchtende Schneeflocken sammeln?
- Wie sähe eure Schneeflocke vom schönsten Tag dieses Jahres aus?
- Wenn ihr einen Erinnerungskoffer hättet, was würdet ihr darin aufbewahren?

2. Zaubernacht

Psst, ganz leise sein

★ 26. Dezember

In der zweiten Rauhnacht begegnen wir dem Wunder der Stille. Echte Stille ist zu einem seltenen Schatz geworden in einer Welt, in der es ständig und überall klingelt, summt, piept und ruft. Unsere Kinder wachsen mitten in dieser Geräuschkulisse auf – umgeben von Bildschirmen, Lautsprechern, Handys und einer nie endenden Flut von Reizen. Kein Wunder, dass es ihnen immer schwererfällt, sich auf das Wesentliche zu konzentrieren: auf ihre wahren Bedürfnisse, Wünsche und Ziele.

Diese Rauhnacht lädt uns ein, einmal gemeinsam innezuhalten und die leisen Töne des Lebens wiederzuentdecken. Früher war Stille auch für uns Kinder eine ganz natürliche Erfahrung – zumindest auf dem Land. Heute ist das bewusste Erleben von Stille für Kinder vielleicht so wertvoll wie nie zuvor. In der Ruhe können sie ihre eigenen Gedanken hören, ihre Kreativität entfalten und ein Gespür für das, was wirklich wichtig ist, entwickeln.

Mit den folgenden Spielen und Ritualen möchte ich dich und deine Kinder auf eine kleine Entdeckungsreise durch die Stille führen und dir einen kurzen Rückzug vom Lärm der Welt ermöglichen.

Horch, was flüstert die Stille?

Meine Großmutter war eine Meisterin der Stille. »Spielen braucht keinen Lärm«, pflegte sie zu sagen, während sie uns Kinder um sich versammelte. Mit wenigen Handgriffen und einer alten Messingschale schuf sie einen Raum, in dem es uns leichtfiel, ganz zur Ruhe zu kommen.

Das braucht ihr

- eine Klangschale oder ein Glöckchen
- Papier und Buntstifte
- eine Sanduhr oder einen Timer

Einführung für die Kinder

Die zweite Rauhnacht ist eine besondere Nacht der Stille. Heute lernen wir, ganz genau hinzuhören – auf die leisen Töne um uns herum, auf unseren Atem und sogar auf die Stille selbst. Denn manchmal flüstert sie uns etwas zu …

Los geht's

Setzt euch gemeinsam in einen gemütlichen Kreis und macht es euch mit Kissen bequem. In der Mitte könnte ihr eine Kerze anzünden. Dann schlägt einer von euch die Klangschale an und alle lauschen gemeinsam, bis der Ton ganz verklungen ist.

Schließt die Augen und nehmt euch etwas Zeit, um ganz aufmerksam in die Stille zu lauschen. Was könnt ihr alles hören? Vielleicht das Knistern der Kerze, den Wind draußen, euren eigenen Atem oder ganz ferne Geräusche? Reihum dürft ihr dann flüstern, was ihr gehört habt.

Geräusche-Memory

Ein Kind geht vor die Tür, während sich die anderen leise auf ein Geräusch einigen. Wenn das Kind zurückkommt, macht es die Augen zu und muss ganz genau hinhören. Welches Geräusch machen die anderen? Ist es ein Papierrascheln, ein Fingerklopfen, leises Summen oder sind es Atemgeräusche?

Ausklang

Kommt noch einmal im Kreis zusammen. Die Klangschale oder das Glöckchen erklingt ein letztes Mal und ihr lauscht gemeinsam, bis der Ton ganz, ganz leise und schließlich gar nicht mehr zu hören ist. Danach darf jeder flüsternd erzählen, was ihm an der Stille am besten gefallen hat.

Hinweis für Eltern

Kinder brauchen manchmal etwas Zeit, um in die Stille zu finden. Wenn sie ein bisschen unruhig werden, ist das ganz normal – lobe daher das aufmerksame Lauschen besonders. Mach selbst mit und zeig deinem Kind, wie wohltuend Stille sein kann. Und denke daran, dass die Übungen natürlich gerne auch an anderen Tagen wiederholt werden können.

Fantasiereise: Flüsterwald der Stille

(Mit sanfter, ruhiger Stimme vorlesen. Pausen an den … einlegen)

Mache es dir ganz bequem … Spüre, wie weich deine Decke ist … Wie warm und geborgen du dich fühlst … Atme ruhig ein und aus … Mit jedem Atemzug wirst du ruhiger …

Heute ist eine besondere Nacht … Die zweite Rauhnacht … eine Nacht der Stille und der leisen Töne … Stelle dir vor, wie du auf einem weichen Waldweg stehst … Der Boden ist mit Schnee bedeckt … Deine Schritte sind ganz leise …

Der Weg führt dich tiefer in den Wald hinein … Die hohen Tannen tragen weiße Schneemützen … Ihre Zweige bewegen sich sanft im Wind … Horch, was für Geräusche kannst du hören? … Das leise Knarren der Äste? … Das sanfte Rieseln des Schnees? …

Du kommst zu einer kleinen Lichtung … Hier scheint der Mondschein durch die Zweige … Er malt silberne Muster in den Schnee … Die Luft ist klar und still … so still, dass du deinen eigenen Atem hören kannst …

Am Rand der Lichtung siehst du etwas Besonderes … Zwischen zwei alten Tannen hängen feine silberne Fäden … sie glitzern im Mondlicht … Es ist ein Traumfänger aus Eiskristallen …

Bleib ganz ruhig stehen und lausche … Der Traumfänger sammelt nicht nur Träume … er fängt auch die Stimmen des Waldes ein … Wenn du ganz leise bist, kannst du sie hören …

Da ist das sanfte Flüstern des Windes in den Tannenzweigen … Er erzählt von fernen Orten … von verschneiten Bergen … von stillen Tälern …

Ein kleiner Wintervogel lässt sich auf dem Traumfänger nieder … Seine Flügel streifen die Eiskristalle … sie klingen wie winzige Glöckchen … Der Vogel zwitschert leise eine Melodie …

Schneeflocken tanzen durch die Luft … Jede macht ein eigenes zartes Geräusch beim Landen … wie ein ganz leises Klingeln … Kannst du es hören? …

Der Wald um dich herum ist voller solcher leisen Töne … Sie verweben sich zu einer sanften Melodie … der Melodie der Stille … Sie berührt dein Herz und erfüllt dich mit Frieden …

Setze dich auf einen weichen Baumstumpf … Schließe die Augen … Lass die Stille zu dir sprechen … Vielleicht hat sie dir etwas zu sagen … etwas, das nur du hören kannst …

Die Schneeflocken tanzen weiter … Der Wintervogel singt sein leises Lied … Der Traumfänger glitzert im Mondlicht … Du bist ganz ruhig und entspannt …

Langsam wird es Zeit, zurückzukehren … Nimm einen tiefen Atemzug … Spüre, wie die Ruhe des Flüsterwaldes in dir bleibt … wie ein kostbarer Schatz …

Öffne langsam deine Augen … Du bist wieder hier im Zimmer … aber die Melodie der Stille klingt noch leise in deinem Herzen …

Ausklang

- Lasst die Stille noch einen Moment wirken.
- Wer möchte, darf dann erzählen:
- Welche Geräusche habe ich im Flüsterwald gehört?
- Was hat die Stille mir zugeflüstert?
- Welche Farbe hatte die Stille für mich?

Der Sternenweg

Der »Sternenweg« ist ein stimmungsvoller Brauch für die Abenddämmerung. Meine Großmutter kannte viele alte Bräuche, doch der Sternenweg war ihr liebster. »Die Sterne sind Löcher im Himmelszelt«, erklärte sie einmal, während wir kleine Lichter im Schnee aufstellten. »Durch sie sehen die Engel zu uns herab.«

Das braucht ihr

- Teelichter in Gläsern
- kleine Zettel
- Stifte
- evtl. eine Laterne

Los geht's

Wartet, bis es draußen dunkel wird. Jeder von euch schreibt einen Wunsch auf einen kleinen Zettel. Stellt die Lichter in einer schönen Reihe auf, zum

Beispiel auf der Terrasse oder im Garten. Geht dann ganz leise an diesem »Sternenweg« entlang und versucht, möglichst wenig Geräusche zu machen.

Am Ende legt jeder seinen Wunschzettel unter ein Licht, ohne ihn den anderen zu verraten, denn Wünsche haben besonders viel Kraft, wenn sie geheim bleiben. Stellt oder setzt euch zusammen und schaut den leuchtenden Lichtern zu. Früher glaubte man, dass in dieser Nacht die Sterne besonders hell leuchten und Wünsche erhören.

Die Winterbotschaft

Dieses uralte Orakel hieß bei uns früher »Das Licht, das Wege weist«. Es regt Kinder dazu an, einen Blick in die Zukunft zu werfen.

Das braucht ihr

- eine Schüssel mit Wasser
- kleine Schwimmkerzen
- Papier und Stifte

Los geht's

Macht alle Lichter aus, nur die Kerzen dürfen leuchten. Stellt eine große Wasserschüssel bereit. Jeder schreibt eine Frage auf, zum Beispiel: »Was bringt mir das neue Jahr?« Nun darf jeder der Reihe nach seine Kerze aufs Wasser setzen, seine Frage flüstern und beobachten, wie die Kerze schwimmt.

- Dreht sie sich im Kreis? Dann kommen Veränderungen!
- Schwimmt sie geradeaus? Dann ist dein Weg ganz klar!
- Bleibt sie in der Mitte? Dann ist es Zeit zum Nachdenken!
- Schwimmt sie nach rechts? Das deutet auf neue Möglichkeiten und Chancen hin, die du ergreifen solltest!
- Bewegt sie sich nach links? Dann ist es ratsam, noch einmal zurückzublicken und aus der Vergangenheit zu lernen.
- Schwimmt sie zum Rand der Schüssel? Dann suchst du nach neuen Grenzen und möchtest Bekanntes überwinden.
- Tänzelt die Kerze unruhig hin und her? Dann stehen Überraschungen bevor!

Das Schattentheater

Das Schattentheater ist ein Brauch für kalte Winterabende, der über 200 Jahre alt ist. Für Kinder, die zu Ängsten neigen, ist er während der Rauhnächte besonders hilfreich. Als kleines Kind hatte ich Angst vor tanzenden Schatten an der Wand. Als meine Großmutter das entdeckte, verwandelte sie die Schatten in etwas Magisches und zeigte mir, wie man mit den Händen Tiere und Gestalten an die Wand zaubern konnte.

Das braucht ihr

- ein weißes Tuch oder eine helle Wand
- eine Schreibtischlampe

So geht's

Spannt das Tuch auf oder sucht euch eine freie Wand. Die Lampe wird in etwa ein bis zwei Meter hinter der Spielfläche aufgestellt. Macht alle anderen Lichter aus, damit die Schatten deutlich zu sehen sind. Nun könnt ihr eine Geschichte nur mit Schatten erzählen. Flüstert dabei ganz leise und lasst die anderen raten, was ihr darstellt.

Tipp für die Erwachsenen

Für Kinder ab vier Jahren eignen sich einfache Darstellungen (Tiere, Berufe); ältere Kinder können komplexere Geschichten darstellen. Um

Tierfiguren zu formen, reicht es, die Hände zu benutzen. Aber man kann auch den ganzen Körper einsetzen, um Landschaften, Abenteuerszenen oder Märchengestalten zum Leben zu erwecken.

Traumfänger aus Naturmaterialien

In der Rauhnachtzeit bietet das gemeinsame Basteln eines Traumfängers aus Naturmaterialien eine schöne Möglichkeit, kreativ zu werden. Mit Zweigen, Federn, Samen und Beeren stellt ihr dabei eine tiefere Verbindung zur Natur her und erschafft ein ganz persönliches Kunstwerk.

Traumfänger können Kindern helfen, ihre Ängste vor der Nacht zu überwinden, da sie ihnen ein Gefühl von Schutz und Sicherheit vermitteln und gleichzeitig ihre Fantasie anregen, was besonders in der geheimnisvollen Zeit der Rauhnächte wertvoll ist.

Das Netz des Traumfängers fängt die schönen Träume ein und lässt die schlechten einfach durchfallen. Die unterschiedlichen Naturmaterialien haben eine eigene Bedeutung: Federn schenken leichte Träume, Zapfen geben Kraft, Beeren stehen für Fülle und die Blätter zeigen uns, dass alles wächst und sich wandelt.

Das braucht ihr

Natürlich müsst ihr selbst entscheiden, woraus euer Traumfänger bestehen soll. Hier ein paar Ideen:

- biegsame Zweige (z. B. von Weide oder Birke)
- Wolle in Naturfarben, Schnur oder Bast
- Federn, Perlen aus Holz oder Ton
- kleine Tannenzapfen, schöne Blätter oder Zweige
- Beeren (z. B. Hagebutten), Rindenstücke
- Moos (nur wenig nehmen!)
- Sucht euch für den Rahmen einen frischen, biegsamen Zweig. Diesen biegt ihr vorsichtig zu einem schönen Kreis. Die Enden werden überkreuzt und fest miteinander verbunden. Zum Schluss umwickelt ihr alles mit Schnur, damit es gut hält.
- Die Wolle wird am Rahmen festgeknotet. Zuerst spannt ihr einen Faden quer durch den Kreis. Dann kommen weitere Fäden sternförmig dazu, sodass schöne Dreiecke entstehen.

Jetzt webt ihr wie eine kleine Spinne von außen nach innen weitere Fäden im Kreis. Lasst dabei genügend Lücken für eure Naturschätze!

Das Aufhängeband macht ihr aus drei gleich langen Schnüren, die ihr zu einem Zopf flechtet. Dieser wird oben am Rahmen befestigt und bekommt eine Schlaufe zum Aufhängen.

Die Verzierung

Nun kommen eure gesammelten Naturschätze ins Spiel! Überlegt gemeinsam, wo sie besonders schön aussehen: Die Federn schweben am unteren Rand, Tannenzapfen geben dem Traumfänger Gewicht, Beeren funkeln zwischen den Fäden, Blätter werden ins Netz gewoben und ein kleines Mooskissen macht sich gut in der Mitte.

Zum Schluss schneidet ihr Bänder in verschiedenen Längen zu. Diese werden unten am Rahmen festgeknotet. Ihr könnt Perlen auffädeln, Naturmaterialien daran befestigen oder einige Bänder einfach frei im Wind tanzen lassen.

Für Groß und Klein

Die Kleinen arbeiten am besten mit einem größeren Rahmen, weben ein einfacheres Netz und verwenden größere Naturmaterialien und bunte Perlen.

Die Großen können sich an schwierigeren Mustern versuchen, mehrere Ebenen einbauen und mit ganz feinen Naturmaterialien arbeiten. Der Fantasie sind dabei keine Grenzen gesetzt!

Hängt euren Traumfänger dort auf, wo ihr ihn gut sehen könnt – über dem Bett, am Fenster oder in einer gemütlichen Ecke. Er verbindet uns mit der stillen Kraft der zweiten Rauhnacht und erinnert uns daran, dass die Natur auch im Winter voller Wunder ist.

Rauhnacht-Rezept: Winterliche Kürbissuppe

Diese samtige Suppe vereint wärmende Zutaten zu einem perfekten Gericht für kalte Rauhnachtsabende. Der Apfel sorgt für eine natürliche Süße, der Ingwer wärmt von innen, die Kokosmilch macht alles schön cremig und die Gewürze bringen den Winter in die Schüssel.

(FÜR 4–6 PERSONEN)

Zutaten

- 1 kleiner Hokkaido-Kürbis (ca. 800 g)
- 2 Kartoffeln
- 1 Zwiebel
- 2 Karotten
- 1 Apfel
- 1 Stück Ingwer (daumengroß)
- 2 EL Butter
- 1 l Gemüsebrühe
- 200 ml Kokosmilch
- Salz und Pfeffer
- 1 Prise Zimt
- 1 Prise Muskat

Zum Dekorieren eigenen sich Kürbiskerne, ein Klecks Sahne und/oder frische Kräuter

Los geht's

- Zuerst waschen wir den Kürbis gründlich und schneiden ihn in Würfel. Die Schale kann dabei ruhig dranbleiben.
- Die Kartoffeln werden geschält und gewürfelt, die Karotten geputzt, der Apfel geschält und die Zwiebel in kleine Stücke geschnitten. (Tipp für Kinder: Lasst euch beim Schneiden von den Erwachsenen helfen!)
- Die Zwiebeln werden in Butter glasig gedünstet. Dann kommen Kürbis, Kartoffeln und Karotten dazu und dürfen kurz mitdünsten.
- Jetzt gießen wir mit der Brühe auf und lassen alles 15–20 Minuten köcheln.
- Apfel und Ingwerstücke kommen dazu und kochen weitere 5 Minuten mit.
- Zum Schluss geben wir die Kokosmilch dazu, pürieren alles fein und schmecken mit den Gewürzen ab.

Um die Suppe zu verzieren, röstest du die Kürbiskerne in einer Pfanne, hackst die Kräuter fein und stellst die Sahne bereit.

Tipps für kleine und große Köche

Die Kinder können super beim Kürbiswaschen, Apfelschälen, Kräuterzupfen, Suppeumrühren und beim Verteilen der Toppings helfen. Die Erwachsenen übernehmen das Schneiden der Zutaten, den heißen Herd, das Pürieren und das Abschmecken.

Variationen

Statt Kokosmilch könnt ihr auch Sahne oder Milch nehmen, den Apfel durch eine Birne ersetzen oder ein Stück Süßkartoffel dazugeben. Auch mit Curry oder Kurkuma schmeckt die Suppe wunderbar.

Ein kleines Ritual

Zündet eine Kerze auf dem Tisch an. Esst die Suppe gemeinsam in Stille, lauscht den leisen Geräuschen und genießt die wohlige Wärme. Die Kürbissuppe ist ein perfektes Gericht für die stille zweite Rauhnacht. Sie wärmt Körper und Seele und ihr Duft erfüllt das Haus mit winterlicher Gemütlichkeit.

Märchen: Linas leuchtendes Laternengeheimnis

In der zweiten Rauhnacht, wenn die Welt ganz still wird, geschehen manchmal ganz besondere Dinge. So war es auch bei Lina, die an diesem Tag eine alte Laterne auf dem Dachboden ihrer Großmutter fand.

Es war ein verschneiter Nachmittag und Lina half ihrer Oma beim Aufräumen. Da entdeckte sie zwischen staubigen Büchern und alten Kisten eine Laterne. Sie war aus verwittertem Messing, mit feinen Mustern verziert, die wie Schneeflocken aussahen. Ein kleiner Zettel hing daran: »Nur in der stillsten Nacht«.

»Was bedeutet das, Oma?«, fragte Lina. Ihre Oma sah die Laterne eine Weile an. Dann lächelte sie Lina an. »Das ist eine ganz besondere Laterne«, flüsterte sie. »In der zweiten Rauhnacht, wenn alles ganz still ist, kann sie dir den Weg zu den Winterelfen zeigen.«

Lina wusste nicht, wer diese Winterelfen waren, aber sie nahm die Laterne mit in ihr Zimmer. Den ganzen Abend putzte sie das alte Messing, bis es golden glänzte. Und als es Abend wurde, zündete sie eine kleine Kerze an und stellte sie in die Laterne.

»Denk daran«, hatte ihre Oma gesagt, »die Lichtwesen kommen nur, wenn es ganz still ist!«

Lina setzte sich ans Fenster und wartete. Draußen tanzten Schneeflocken im Mondlicht. Die Laterne warf tanzende Lichtmuster an die Wand. Aber

Lichtwesen waren keine zu sehen. Doch Lina blieb ruhig und geduldig – und vor allem still. Sie hörte ihren eigenen Atem, das leise Knistern der Kerze und … war da nicht noch etwas?

Ja, plötzlich hörte sie deutlich ein sanftes Klingen, wie von winzigen Glöckchen. Das Licht der Kerze begann sich zu verwandeln. Kleine Funken tanzten darin wie goldene Schneeflocken. Sie wirbelten umher und formten sich zu winzigen, leuchtenden Gestalten. Das mussten die Winterelfen sein!

Lina wagte kaum zu atmen. Die winzigen Wesen in der Laterne bewegten sich anmutig, als würden sie einen lautlosen Tanz aufführen. Ihre Flügel glitzerten wie Raureif, und wo sie sich berührten, sprühten goldene Funken.

Lina öffnete ganz vorsichtig die Laternentür und die Elfen schwebten heraus. Lautlos lachten sie und umkreisten Lina. Sie spürte eine sanfte Wärme, immer wenn eines dieser Lichtwesen sie berührte. Eine der Gestalten deutete nach draußen. Lina verstand. Sie nahm die Laterne und schlich leise die Treppe hinunter. Die Haustür öffnete sich ohne ein Geräusch. Der Schnee dämpfte ihre Schritte, als sie in den Garten trat.

Sie folgte den Elfen und diese führten sie zu der alten Eiche am Ende des Gartens. Dort, zwischen den verschneiten Zweigen, sah Lina noch mehr von ihnen. Sie tanzten wie goldene Blätter im Wind, tanzten mit den Schneeflocken und malten leuchtende Muster in die Nacht.

Eine der schimmernden Gestalten schwebte sanft zu Linas Ohr und flüsterte mit einer Stimme, die so leise war wie der Fall einer einzelnen Schneeflocke auf den gefrorenen Boden: »Wir sind die Hüter der Stille.

In dieser Rauhnacht können Kinder uns sehen, die die Stille zu schätzen wissen. Die Laterne hat dir den Weg zu uns gezeigt, weil du still sein und lauschen kannst.«

Die Winterelfen begannen einen neuen Tanz und die goldenen Funken, die sie sprühten, formten einen zarten leuchtenden Kristall.

»Dies ist unser Geschenk«, hauchte das kleine Lichtwesen. »Wenn du jemals Angst im Dunkeln hast, denk an unser Licht. Wir sind immer da – sogar dann, wenn du uns nicht sehen kannst.«

Als der Morgen dämmerte, kehrten die Winterelfen in die Laterne zurück. Lina ging leise ins Haus. Ihre Oma erwartete sie schon in der Küche mit einer dampfenden Tasse Kakao.

»Du hast sie gesehen«, sagte Großmutter und lächelte. Lina nickte und lächelte zurück. Es brauchte keine Worte.

Von diesem Tag an bewahrte Lina die Laterne sorgsam auf. In besonders stillen Nächten zündete sie manchmal eine Kerze darin an. Und wenn sie ganz genau hinschaute, konnte sie kleine goldene Funken darin tanzen sehen.

Gesprächsimpulse für nach der Geschichte

- Was glaubt ihr, wie die Lichtwesen klingen?
- Habt ihr schon einmal etwas Besonderes in der Stille entdeckt?
- Wo ist euer Lieblingsort für stille Momente?
- Welche Geschenke kann uns die Stille machen?

3. Zaubernacht

Neue Abenteuer warten

★ 27. Dezember

Die dritte Rauhnacht ist eine Zeit des Aufbruchs und der Entdeckungen. Sie lädt uns ein, uns für Neues zu öffnen. Wie ein verschneiter Pfad, der noch keine Fußspuren zeigt, liegen unentdeckte Möglichkeiten vor uns. Das ist zwar im Grunde immer so, doch diese besondere Zeit bietet eine gute Gelegenheit, mit Kindern über Veränderungen zu sprechen und ihnen zu helfen, Abenteuer mit offenen Armen zu empfangen.

Kinder haben eine natürliche Neugierde und Offenheit für das Unbekannte – Eigenschaften, die wir Erwachsenen manchmal verloren haben. Während wir oft in gewohnten Mustern feststecken, sehen Kinder die Welt noch mit staunenden Augen: das unbekannte Spielzeug, der neue Freund in der Klasse, der andere Weg zur Schule oder der erste Schnee… Diese kleinen Entdeckungen ermöglichen es ihnen zu wachsen.

Nimm dir heute Zeit, mit deinen Kindern über Abenteuer zu sprechen. Frage sie, was sie Neues entdecken möchten, wovor sie vielleicht etwas Angst haben, aber auch, worauf sie sich freuen. Vielleicht entdeckst du Träume und Wünsche, die dein Kind bisher noch nicht ausgesprochen hat. Lass dich dabei von der Magie dieser besonderen Nacht inspirieren und schaffe gemeinsam mit deinen Kindern Momente, in denen der Mut für neue Wege wachsen kann.

Was entdeckst du Neues?

Schon früh haben meine Eltern die Fähigkeit in mir gefördert, genauer hinzusehen. Wenn ich während der Morgendämmerung aus dem Fenster auf den Hof hinaussah, hat mein Vater mich oft dazu aufgefordert, auf kleine Veränderungen in der Natur zu achten. »Die Welt verändert sich jeden Tag – auch wenn du an derselben Stelle stehen bleibst«, sagte er. Diese Lektion hat meine Aufmerksamkeit schon früh geschärft, was mein Leben bis heute bereichert hat.

Neu sehen lernen

Die Welt mit offenen Augen zu sehen und wirklich klar wahrzunehmen, ist eine Gabe, die heute leider nur noch wenige haben. Doch zum Glück können wir das Sehen genauso üben, wie wir ein Instrument oder eine Sprache üben können. Die folgenden Achtsamkeitsspiele unterstützen Kinder darin, ihre Umgebung bewusster wahrzunehmen und Dinge zu entdecken, die ihnen bisher entgangen sind.

Die dritte Rauhnacht lehrt uns, mit offenen Augen durch die Welt zu gehen und die kleinen Wunder des Alltags zu entdecken. Jeder Tag hält neue Abenteuer bereit – wir müssen sie nur finden!

Das braucht ihr

- eine Schatzkarte (selbst gemalt)
- kleine Notizzettel
- Stifte
- eine Taschenlampe
- ein »Entdeckerbuch« (leeres Heft)
- eventuell eine Kamera

Der verwandelte Raum

Einer von euch wird zum heimlichen Verwandlungskünstler und verändert zehn Dinge im Raum. Du kannst zum Beispiel ein Buch umdrehen, einen Stuhl verrücken, ein Kissen oder eine Decke woanders hinlegen oder einen neuen Gegenstand in den Raum legen. Die anderen kommen dann herein, schauen sich ganz genau um, was sich verändert hat. Am Ende merkt sich jeder, welche Veränderungen er entdeckt hat, und notiert sie für sein Entdeckerbuch (siehe Seite 59).

Schatzsuche

Ich erinnere mich noch, dass meine Großmutter während der Rauhnächte einmal mit Holzkohle eine Karte unseres Hofes zeichnete und darin kleine Schätze für uns versteckte – nichts Besonderes: einen glänzenden Stein, eine Feder, ein paar Plätzchen. »Valentin«, flüsterte sie mir zu, »die wertvollsten Schätze sind die, die wir mit offenem Herzen suchen, nicht mit gierigen Händen.«

Zeichnet gemeinsam eine Karte von eurem Zuhause. Markiert darauf besondere Stellen mit spannenden Hinweisen wie »Hier findest du etwas Weiches« oder »Hier versteckt sich etwas Leckeres«. Mit dieser Karte macht ihr euch auf Entdeckungstour. Fotografiert oder zeichnet, was ihr gefunden habt, und sammelt es für das Entdeckerbuch (siehe weiter unten).

Nachtforscher

Kinder haben oft Angst im Dunkeln. In einer kalten Nacht kann die Entdeckung des Besonderen in der Dunkelheit diese Furcht verwandeln. Das sanfte Licht einer Kerzenlaterne oder das Spiel der tanzenden Schatten an der Hauswand kann für Kinder ein faszinierendes Erlebnis sein. Diese Erfahrung verwandelt oft kindliche Ängste in Neugier und vermittelt eine wichtige Lektion: Manchmal verbirgt sich gerade in dem, was Angst macht, ein besonderer Zauber.

Wenn es dunkel wird, startet die Taschenlampen-Expedition! Mit verschiedenen Taschenlampen oder auch Laternen könnt ihr nach geheimnisvollen Schattenspielen, nach funkelnden Reflexionen oder versteckten Mustern suchen. Ihr könnt im Haus oder in der Wohnung oder auch im Freien auf die Suche gehen. Achtet mal darauf, was im Dunkeln ganz anders aussieht als am Tag.

Fotografiert oder schreibt alles auf, was euch auffällt, um es gleich in euer Entdeckerbuch zu schreiben oder zu kleben.

Das Entdeckerbuch

Gestaltet gemeinsam ein Entdeckerbuch. Am besten benutzt ihr ein schönes, leeres Heft ohne Linien. Klebt Fotos ein, malt eure Funde und schreibt auf, was ihr erlebt habt. Hier könnt ihr die Erfahrungen aus den oben beschriebenen Spielen (»Der verwandelte Raum«, »Schatzsuche« und »Nachtforscher«) festhalten, je nachdem, welche ihr erkundet habt. Aber auch andere Dinge, die ihr heute entdeckt habt oder die euch aufgefallen sind. Auch echte »Beweise« wie schöne Blätter können hier ihren Platz finden. Und wenn ihr Lust habt, könnt ihr auch eine kleine Geschichte über eure Funde in das Entdeckerbuch schreiben – oder vielleicht sogar ein Gedicht …

Kommt dann noch einmal zusammen und erzählt euch von euren Abenteuern: Was war eure tollste Entdeckung? Was hat euch überrascht? Was möchtet ihr morgen noch genauer erforschen?

Fantasiereise: Abenteuer im Land der Möglichkeiten

(Mit ruhiger, aber lebendiger Stimme vorlesen. Pausen an den … einlegen)

Mach es dir bequem und schließe deine Augen … Atme tief ein und aus … Spüre, wie dein Körper ganz entspannt wird …

Stell dir jetzt vor, wie sich vor dir eine bunte Tür öffnet … Sie ist mit glitzernden Sternen verziert und kleine Glöckchen klingeln leise, wenn sie sich bewegt … Du gehst hindurch und findest dich im Land der Möglichkeiten wieder …

Der Himmel hier schimmert in allen Farben des Regenbogens … Wolken schweben vorbei und jede hat eine andere Form … Manche sehen aus wie Tiere … andere wie fliegende Schiffe … Kannst du etwas in den Wolken entdecken? …

Ein sanfter Wind streicht durch dein Haar und flüstert dir zu: »Willkommen im Land der Möglichkeiten! Hier kann alles geschehen, was du dir vorstellst.« …

Vor dir erstreckt sich ein Pfad aus funkelnden Kristallen … Jeder Schritt darauf macht ein anderes melodisches Geräusch … wie eine Musik, die nur du hören kannst …

Links und rechts vom Pfad wachsen besondere Bäume … Ihre Blätter sind aus buntem Glas … Wenn der Wind hindurchweht, erklingen sie wie Windspiele … An den Zweigen hängen kleine, leuchtende Kugeln …

In jeder Kugel kannst du etwas sehen … Es sind Bilder von Dingen, die du gerne erleben möchtest … Schau genau hin … Was zeigen die Kugeln dir? …

Am Wegesrand steht ein großer Spiegel … aber er zeigt nicht dein normales Spiegelbild … Er zeigt dir, wie du in einem Jahr aussehen könntest … Vielleicht bist du gewachsen … Vielleicht kannst du etwas Neues besonders gut … Was siehst du? …

Der Pfad führt zu einer Lichtung … In der Mitte steht ein besonderer Baum … der Wunschbaum … Seine Zweige tragen goldene Blätter und jedes Blatt ist ein Wunsch, der wahr werden kann …

Pflücke vorsichtig ein goldenes Blatt … Halte es in deinen Händen … spüre seine Wärme … Was für einen Wunsch möchtest du ihm anvertrauen? …

Der Wind nimmt dein Blatt sanft auf und trägt es hoch in die Luft ... Es tanzt mit den Wolken und verwandelt sich in einen leuchtenden Stern ... Dein persönlicher Wunschstern, der dir den Weg zu deinen Träumen zeigt ...

Ein Schwarm bunter Schmetterlinge flattert herbei ... Ihre Flügel glitzern wie Diamanten ... Sie tanzen um dich herum und jeder hinterlässt einen Hauch von Zauberstaub ... Der Zauberstaub gibt dir Kraft für neue Abenteuer ...

Langsam wird es Zeit zurückzukehren ... aber du weißt jetzt: Das Land der Möglichkeiten ist immer da ... Du kannst jederzeit wiederkommen ... Dein Wunschstern leuchtet am Himmel und zeigt dir den Weg ...

Der Wind summt eine sanfte Melodie ... Er begleitet dich zurück zur bunten Tür ... Du gehst hindurch und kommst wieder hier im Zimmer an ...

Bewege langsam deine Finger und Zehen ... Räkle dich wie nach einem schönen Traum ... Und öffne dann wieder deine Augen ...

Ausklang

- Bleibt noch einen Moment ruhig sitzen.
- Wer möchte, darf erzählen:
- Was habt ihr in den Wolken gesehen?
- Welche Bilder waren in den leuchtenden Kugeln?
- Was war euer besonderer Schatz?

Für kleine Künstler*innen

- Malt ein Bild vom Land der Möglichkeiten.
- Bastelt einen eigenen Wunschstern.
- Schreibt auf, was ihr im Zauberspiegel gesehen habt.
- Gestaltet eine »Schatzkiste der Möglichkeiten«.

Hinweis für die Erwachsenen

Diese Fantasiereise ermutigt Kinder, ihre Träume und Wünsche für die Zukunft zu entdecken. Sie stärkt ihr Selbstvertrauen und ihre Vorstellungskraft. Die Reise kann auch als Inspiration für Gespräche über Hoffnungen und Pläne für das kommende Jahr dienen.

Das Familien-Schatzkästchen

Als ich ein kleines Kind war, stand in unserer schlichten Bauernstube eine unscheinbare Holzkiste auf dem Fensterbrett. Meine Großmutter hatte sie einst von ihrem Vater geerbt. Eines Tages erklärte sie mir, dass diese kleine Kiste zwar keine Goldschätze, dafür aber viele Familienschätze enthält. Als ich sie öffnete, fand ich darin vergilbte Fotos, getrocknete Blumen, einen abgegriffenen Rosenkranz und ein kleines Notizbuch, das sehr alt aussah. Meine Großmutter erklärte mir, dass die wirklich wichtigen Schätze nicht aus Gold, sondern aus Erinnerungen und Geschichten bestehen.

So ein Familienschatz bewahrt nicht nur kostbare Erinnerungen für die Zukunft, sondern bringt auch die Familie näher zusammen, wenn gemeinsam über die gesammelten Schätze gesprochen und gelacht wird. Wenn du möchtest, kannst du gemeinsam mit deinen Eltern so ein besonderes Schatzkästchen basteln.

Das braucht ihr

- eine Holzbox mit Deckel (gibt es im Bastelbedarf)
- Acrylfarben in verschiedenen Farben
- Pinsel in verschiedenen Größen
- Glitzersteine, Perlen, kleine Muscheln
- Kleber (Holzleim oder Heißkleber)
- Geschenkband oder Kordel
- Washi-Tape oder Dekoband
- Papier und Stift

Los geht's

Breitet eine Unterlage aus und zieht alte Kleidung an. Stellt ein Glas Wasser für die Pinsel bereit und überlegt gemeinsam, welche Farben ihr verwenden möchtet.

Zuerst bekommt die Box einen hellen Grundanstrich. Wenn die Farbe gut getrocknet ist, könnt ihr schöne Muster darauf malen: funkelnde Sterne, tanzende Schneeflocken, kleine Herzen oder was euch sonst noch einfällt. Die Kanten werden mit buntem Washi-Tape verziert.

Der Deckel soll besonders schön werden! Ihr könnt »Unsere Schätze« darauf schreiben und ihn mit Glitzersteinen, Perlen und Muscheln schmücken. Ein schönes Band um die Kante macht ihn perfekt.

Der Boden der Box bekommt eine schöne Farbe und goldene Punkte. Wenn ihr mögt, klebt ihr etwas Filz hinein. Jede Innenwand darf anders aussehen – mit Tupfen, Streifen oder aufgeklebten Naturschätzen.

Was kommt in die Box?

Sammelt eure schönsten Erinnerungen. Schreibt die Momente, die für euch besonders waren, auf kleine Zettel, rollt sie zusammen und bindet sie mit einem Band. Ihr könnt auch kleine Karten basteln, auf die ihr eure Wünsche schreibt, und die Kärtchen falten und mit Sternen verzieren. Auch viele kleine Schätze passen in die Box: schöne Steine, getrocknete Blumen, weiche Federn oder kleine Geschenke.

Ein kleines Schatzbox-Ritual

Beginnt damit, eine Kerze aufzustellen und setzt euch dann in einem Kreis zusammen. Jeder von euch hat die Möglichkeit, einen besonderen Schatz in die bereitgestellte Box zu legen. Während ihr euren Schatz in die Box legt, sprecht einen Herzenswunsch dazu. Lest eine schöne Erinnerung vor oder erzählt die Geschichte dazu. Lasst jeden ein kleines Symbol für einen Herzenswunsch in die Box legen und sprecht darüber, was ihr euch für das kommende Jahr erhofft.

Für kleine und große Bastler

Die Kleinen arbeiten am besten mit einer größeren Box, einfacheren Verzierungen, vielen Stickern und Fotos statt Schrift.

Die Großen können kniffligere Muster malen, ihre eigene Symbolsprache entwickeln, geheime Fächer einbauen und Tagebucheinträge sammeln.

Als Familie kann jeder eine Seite gestalten. Entwickelt eine gemeinsame Symbolsprache, bewahrt eure Familiengeheimnisse und erfindet zusammen schöne Rituale.

Eine solches Schatzkästchen ist mehr als eine bemalte Box. Sie ist ein magischer Ort für eure schönsten Erinnerungen, gemeinsamen Geheimnisse und wertvollen Momente. Mit jedem neuen Schatz wächst sie mit euch mit und wird immer kostbarer. Jedes Stück darin erzählt eine Geschichte und macht die Box zu etwas ganz Besonderem.

Rauhnacht-Rezept: Selbst gemachte Marshmallows

Als ich ein Kind war, hießen Marshmallows bei uns noch »Mäusespeck«. Heute sind Marshmallows sehr beliebt. Schon vor rund 100 Jahren gab es diese Leckerei in Deutschland, wenn auch noch nicht so verbreitet wie heute. Ursprünglich wurde diese weiche Schaumzuckerware aus der Eibischwurzel hergestellt, aber inzwischen verwendet man Gelatine – das macht die Zubereitung viel einfacher. Das Rezept, das ich euch heute vorstelle, ist eine moderne Version dieses Klassikers.

Denkt daran, dass es beim Kochen und Backen nicht um Perfektionismus geht, sondern darum, mit Geduld und Liebe gemeinsam etwas Leckeres zuzubereiten.

(FÜR ETWA 50 MARSHMALLOWS)

Zutaten

- 500 g Zucker
- 125 ml kaltes Wasser
- 125 ml warmes Wasser
- 20 g Gelatine (etwa 12 Blatt)
- 1 Vanilleschote
- 1 Prise Salz
- Optional: Lebensmittelfarbe
- 100 g Puderzucker
- 100 g Speisestärke

Los geht's

- Ein tiefes Blech (etwa 20x30 cm) mit Backpapier auslegen. Die Puderzucker-Speisestärke-Mischung vorbereiten und das Blech damit bestäuben. Alle Zutaten und ein Thermometer bereitlegen. Wichtig für Kinder: Vor allem beim Kochen sollte immer ein Erwachsener zur Seite stehen. Der heiße Zuckersirup kann gefährlich sein.
- Die Gelatine in kaltem Wasser einweichen und 10 Minuten quellen lassen. Danach gut ausdrücken.
- Zucker mit warmem Wasser und Vanillemark in einen Topf geben und auf mittlerer Hitze erwärmen. Rühren, bis sich der Zucker aufgelöst hat. Bis 125 °C erhitzen (unbedingt Thermometer benutzen!) und vom Herd nehmen.
- Die ausgedrückte Gelatine im warmen Sirup auflösen und kurz abkühlen lassen. Dann mit dem Mixer auf höchster Stufe 10–15 Minuten schlagen. Die Masse wird weiß und sehr fluffig und sollte sich ungefähr verdreifachen.
- Die fluffige Masse ins vorbereitete Blech gießen, glatt streichen und mit der Puderzuckermischung bestäuben. Mindestens 4 Stunden ruhen lassen.
- Ein Brett mit Puderzucker bestäuben und den Marshmallowblock aus der Form lösen. Das Messer mit Puderzucker bestäuben und in gleichmäßige Würfel schneiden. Jedes Stück in der Puderzuckermischung wenden und den Überschuss abklopfen.

Probiert verschiedene Formen aus: klassische Würfel, Herzen, Sterne oder kleine Würfel für heiße Schokolade.

Spannend wird es mit verschiedenen Geschmacksrichtungen: ein Vanilletraum mit extra Vanillemark, winterliche Minze mit Pfefferminzöl und grüner Farbe, ein Beerentraum mit Himbeerpulver und rosa Farbe oder ein Schokozauber, bei dem ihr die Marshmallows in einer Kakao-Puderzucker-Mischung wälzt.

Die fertigen Marshmallows könnt ihr in Zartbitterschokolade tauchen, mit Kokosraspeln bestreuen, mit essbarem Glitzer verzieren oder in bunte Zuckerperlen rollen.

Darauf solltet ihr achten

Haltet die Temperatur genau ein, schlagt die Masse lange genug, lasst sie gut durchkühlen und verwendet reichlich Puderzucker. Bewahrt die Marshmallows luftdicht zwischen Backpapier geschichtet, kühl und trocken auf. So halten sie dann etwa zwei Wochen.

Diese selbst gemachten Marshmallows sind viel weicher als gekaufte, kommen ohne künstliche Zusätze aus und sind perfekt für kalte Wintertage – und natürlich sind sie auch ein tolles Geschenk!

Märchen: Der Winterwind-Flüsterer

Es war einer jener besonderen Tage zwischen den Jahren, als Finn zum ersten Mal die Stimme des Winterwinds hörte. Er saß am Fenster seines Zimmers und beobachtete, wie draußen die Schneeflocken tanzten. Der Wind trieb sie mal hierhin, mal dorthin und Finn fragte sich, woher der Wind wohl wusste, in welche Richtung er wehen sollte.

»Das ist ganz einfach«, flüsterte plötzlich eine sanfte Stimme. »Ich folge den Geschichten.«

Finn schaute sich erschrocken um, aber er war allein im Zimmer. Die Stimme klang wie raschelnde Blätter und klingelnde Eiszapfen.

»Wer … wer bist du?«, fragte Finn leise.

»Ich bin der Winterwind«, antwortete die Stimme. »Und ich weiß, dass du Finn bist. Ich habe dich schon oft hier am Fenster sitzen sehen.«

Finn konnte es kaum glauben. Er sprach tatsächlich mit dem Wind! »Was meinst du damit, du folgst den Geschichten?«, fragte er neugierig.

Der Wind lachte leise und die Schneeflocken vor dem Fenster wirbelten in kleinen Spiralen. »Jeder Ort hat seine Geschichte und jeder Mensch trägt Geschichten in sich. Ich sammle sie alle und trage sie weiter. Möchtest du einige hören?«

Finn nickte begeistert. Der Wind zupfte sanft an den Vorhängen und plötzlich konnte Finn in den tanzenden Schneeflocken Bilder sehen.

Da war die Geschichte von der alten Eiche am Stadtpark, die sich an ihren ersten Frühling vor 500 Jahren erinnerte. Der Wind zeigte ihm, wie ein kleiner Keimling seine ersten Blätter entfaltete.

Er sah die Geschichte des Postboten, der jeden Morgen singend seine Runde machte, weil er sich freute, den Menschen gute Nachrichten zu bringen.

Er entdeckte die Geschichte der scheuen Katze von nebenan, die nachts heimlich auf Dächern tanzte und mit den Sternen sprach.

»Woher kennst du all diese Geschichten?«, fragte Finn staunend.

»Ich höre zu«, erklärte der Wind. »Die Menschen erzählen sie beim Spazierengehen. Die Tiere flüstern sie sich zu. Die Bäume rauschen sie in ihren Blättern. Ich fange sie alle auf und bewahre sie.«

»Und was machst du dann damit?«

»Ich bringe sie dorthin, wo sie gebraucht werden. Manchmal tröste ich jemanden mit einer lustigen Geschichte. Oder ich erinnere Menschen an schöne Momente, wenn sie traurig sind. Und manchmal«, der Wind machte eine bedeutungsvolle Pause, »manchmal finde ich auch jemanden wie dich, der gut zuhören kann.«

Finn lächelte. »Hast du noch mehr Geschichten?«

Der Wind wirbelte fröhlich. »Oh ja, unendlich viele! Möchtest du die Geschichte vom Schneeglöckchen hören, das mitten im Winter blühte? Oder die vom Stern, der sich in einer Schneeflocke versteckte?«

Von diesem Tag an wurde Finn zum Winterwind-Flüsterer. Jeden Abend setzte er sich ans Fenster und lauschte den Geschichten des Winds. Er lernte von der Weisheit der alten Bäume, von der Fröhlichkeit der spielenden Hunde im Park und von den Träumen der schlafenden Blumen unter der Schneedecke.

Und manchmal, wenn der Wind eine besonders schöne Geschichte erzählte, schrieb Finn sie auf. Er bewahrte sie in einer besonderen Schachtel auf, die er sein »Windgeschichten-Kästchen« nannte.

Eines Tages fragte ihn seine Mutter, woher er all die wunderbaren Geschichten hatte. Finn lächelte geheimnisvoll und sagte: »Der Wind hat sie mir zugeflüstert.«

Seine Mutter lachte und dachte nur, er hätte eben eine blühende Fantasie. Aber Finn wusste es besser. Er war jetzt ein Winterwind-Flüsterer und das würde er auch immer bleiben.

Und wenn ihr das nächste Mal den Wind um die Hausecken pfeifen hört, dann haltet doch einmal inne und lauscht genau. Vielleicht erzählt er auch euch eine seiner lustigen, spannenden und wunderbaren Geschichten.

Gesprächsimpulse für nach der Geschichte

- Welche Geschichten würdet ihr dem Wind gerne erzählen?
- Habt ihr schon einmal genau auf den Wind gehört?
- Was glaubt ihr, welche Geschichten der Wind heute gesammelt hat?
- Welche Geschichte würdet ihr gerne in eurem eigenen Windgeschichten-Kästchen aufbewahren?

4. Zaubernacht

Dein innerer Kompass

★ 28. Dezember

In der stillen Zeit der Rauhnächte haben wir die besondere Gelegenheit, unseren Kindern einen kostbaren Schatz näherzubringen – das Vertrauen in ihre innere Stimme. Jedes Kind trägt einen inneren Kompass und eine tiefe Weisheit in sich und diese besondere Zeit bietet eine schöne Gelegenheit, um gemeinsam nach innen zu lauschen und dieser Weisheit zu begegnen.

Kinder besitzen noch eine natürliche Verbindung zu ihrer Intuition. Es fällt ihnen leicht, spontan ihrem Bauchgefühl zu folgen: Sie spüren, wem sie vertrauen können, welcher Weg sich richtig anfühlt und was ihnen guttut. Diese angeborene Fähigkeit zu stärken, ist eines der wertvollsten Geschenke, die wir unseren Kindern mit auf den Weg geben können.

Vor allem die uralte Tradition des Räucherns bietet hier einen wunderbaren Zugang. Die aufsteigenden Düfte der Kräuter und Harze schaffen eine besondere Atmosphäre, in der es leichterfällt, zur Ruhe zu kommen und nach innen zu horchen. Wenn Wacholder seinen klärenden Duft verströmt, Lavendel beruhigend wirkt oder Weihrauch die Gedanken in höhere Sphären hebt, lernen Kinder, auf die feinen Unterschiede zu achten und ihrer Wahrnehmung zu vertrauen.

Räuchern wie die Zauberer

Das Räuchern von Pflanzen gehört zu den ältesten spirituellen Praktiken der Menschheit. Schon vor Tausenden von Jahren nutzten viele Völker den aromatischen Rauch, um Räume zu reinigen, böse Geister zu vertreiben oder mit der Götterwelt in Kontakt zu treten. Dieser uralte Brauch verbindet uns noch heute mit unseren Vorfahren und lehrt uns, die Kraft der Natur mit allen Sinnen zu erleben.

In meiner Familie war das Räuchern kein bloßer Brauch, sondern ein heiliges Ritual. Mit kindlicher Ehrfurcht beobachtete ich, wie meine Großmutter ihre Kräuter und Harze auf die glühende Kohle legte. Sie erklärte mir, dass der Rauch ein Bote zwischen den Welten sei, der unsere Gebete nach oben trägt und alles Schwere mitnimmt. Noch heute versetzt mich der würzige Duft von Räucherwerk in Sekundenschnelle in die geborgene Welt meiner Kindheit zurück.

Sicher ist sicher

Achtung: Kinder dürfen nur unter der Anleitung Erwachsener mitmachen.

- Verwendet immer einen feuerfesten Untergrund.
- Lasst die Räucherschale nie unbeaufsichtigt.
- Öffnet die Fenster zum Lüften.
- Deaktiviert kurzzeitig die Rauchmelder.

Das braucht ihr

- eine feuerfeste Räucherschale
- Sand oder Salz als Unterlage
- Holzkohletabletten
- eine Räucherzange
- ein Feuerzeug
- eine Feder zum Fächeln

Sanfte Düfte für Kinder

- *Lavendel* wirkt beruhigend und beschützt die Träume.
- *Rose* öffnet das Herz und ist harmonisierend.
- *Salbei* gilt als reinigend und klärt die Gedanken.
- *Orangenschalen* wirken aufheiternd und tragen Sonne in die Seele.
- *Zimt* wärmt Körper und Gemüt.
- *Vanille* schenkt Geborgenheit und innere Ruhe.

Los geht's

Zuerst machen wir den Raum bereit: Gut lüften, eine feuerfeste Unterlage bereitlegen und das Fenster einen Spalt öffnen. Dann schaffen wir eine gemütliche Atmosphäre mit Kissen, Kerzen und leiser Musik.

Die Räucherschale wird mit Sand oder Salz gefüllt, die Räucherkohle und die Kräuter liegen bereit. Feder und Zange sollten griffbereit sein.

Die Erwachsenen nehmen nun die Kohletablette vorsichtig in die Zange und erhitzen sie mit dem Feuerzeug. Wenn sie durchgeglüht ist, legen sie sie in die Schale auf den Sand. Achtung: Es können Funken sprühen!

Die Kräuter werden dann in kleinen Mengen vorsichtig mit der Zange aufgelegt. Beobachtet gemeinsam, wie der Rauch aufsteigt, und fächelt sanft mit der Feder.

Räuchern mit Kindern – Zauberhafte Rituale

Kinder haben eine natürliche Neugier für sinnliche Erfahrungen. Das gemeinsame Räuchern bietet eine wundervolle Möglichkeit, sie spielerisch an alte Traditionen heranzuführen. »Wir nehmen Düfte nicht nur mit unserer Nase, sondern mit unserer ganzen Seele wahr«, sagte meine Großmutter, während sie für uns milde, angenehme Düfte wie süßliche Orangenschalen, sanften Lavendel und weiches Rosenholz auswählte.

Einfache Räucherrituale zum Mitmachen

- *Willkommensgruß*: Jedes Kind darf eine kleine Prise streuen und einen Wunsch flüstern. Nehmt gemeinsam den Duft wahr und erzählt, welche Geschichte er euch erzählt.
- *Traumreise*: Mischt Lavendel und Rose für schöne Träume und lasst euch vom Duft tragen.
- *Mutmacher*: Eine Prise Zimt mit einem Mutspruch verbinden und den würzigen Duft einatmen – schon fühlt ihr euch stark!

Während die Kinder Kräuter oder Harze aussuchen, Düfte erraten und Geschichten erzählen dürfen, sind die Erwachsenen für das Anzünden der Kohle, das Auflegen der Kräuter und die Aufsicht über die Schale verantwortlich.

Meine Lieblingsmischungen

- Die Träume-Mischung aus Lavendel, Rosenblüten und Orangenschale hilft beim Entspannen und Träumen.

- Die Kraft-Mischung mit Salbei, Zimt und Vanille macht stark und gibt Bodenhaftung.
- Die Freude-Mischung aus Orangenschale, Rose und Vanille zaubert gute Laune und harmonisiert die Stimmung.

Darauf solltet ihr achten

Das Räuchern in der vierten Rauhnacht hilft uns, zur Ruhe zu kommen und unseren inneren Kompass zu finden. Die Düfte erinnern uns an die alte Magie dieser besonderen Zeit. Wichtig ist, dass ihr lieber weniger Kräuter nehmt und darauf achtet, wie die Kinder reagieren. Lasst das Fenster einen Spalt offen und lüftet zwischen verschiedenen Düften durch. Und vor allem: Gebt allen ausreichend Zeit, den Düften nachzuspüren.

Die Wunschlaterne

In der vierten Rauhnacht zündeten wir in unserer Familie stets besondere Lichter an. Mit einem alten Einmachglas und einem Kerzenstummel schuf meine Großmutter zauberhafte Laternen. Sie war der Ansicht, dass Licht die älteste Sprache der Menschheit ist, und lud uns ein, unsere Wünsche auf dünnes Papier zu schreiben und es in die Gläser zu kleben.

Was ihr braucht

- ein großes Einmachglas
- Transparentpapier
- goldener Stift
- ein Teelicht

Los geht's

Schreibt euren Wunsch mit dem goldenen Stift auf ein kleines Stück Transparentpapier – ein Satz genügt. Klebt das Papier dann innen ins Glas. Wenn es dunkel wird und der Mond aufgeht, stellt ihr das Teelicht vorsichtig hinein und zündet es an. Lasst die Laterne strahlen und stellt euch lebhaft vor, wie es sein wird, wenn euer Wunsch in Erfüllung geht.

Das Glückssäckchen

Der Duft getrockneter Kräuter wirkt auf Kinder beruhigend. Wenn man die Kräuter in einem Stoffsäckchen abends unters Kissen legt, erleichtern sie das Einschlafen, zaubern angenehme Träume und verbinden die Kinder durch ihr Aroma mit dem Kreislauf der Jahreszeiten.

Das braucht ihr

- ein kleines Stoffsäckchen
- getrocknete Kräuter (Lavendel für süße Träume, Rosmarin für Klarheit, Thymian für Mut und Salbei für Weisheit)
- ein rotes Band

So geht's

Legt alle Kräuter in eine Schale und mischt sie behutsam mit den Fingern. Füllt die duftende Kräutermischung in das Stoffsäckchen, bis es etwa zu zwei Dritteln voll ist. Verschließt das Säckchen mit dem roten Band und bindet eine lockere Schleife.

Drückt das fertige Säckchen sanft zwischen den Handflächen, um den Duft freizusetzen. Legt es unters Kopfkissen und genießt süße, duftende Träume. Nach einigen Wochen sollte man die Säckchen erneuern.

Der singende Kristall

In der Truhe meiner Großmutter befand sich ein besonderer Schatz – ein klarer Bergkristall, den ihr Vater einst aus den Alpen mitgebracht hatte. In der vierten Rauhnacht holte sie ihn hervor und legte ihn behutsam in eine Schale mit Wasser. »Hör mal«, sagte sie und schlug sanft gegen ein altes Weinglas, »der Kristall singt mit dem Wasser.« Fasziniert beobachtete ich, wie feine Wellenmuster entstanden. Der »singende Kristall« ist eine schöne Möglichkeit, Kinder auf die verborgenen Harmonien des Lebens hinzuweisen.

Was ihr braucht

- ein dünnwandiges Glas mit Wasser (je dünner das Glas, desto besser die Schwingungsübertragung)
- einen Kristall oder schönen Stein – am besten mit glatter Oberfläche
- eine Klangschale oder Glocke
- eine flache Unterlage wie ein Holzbrett oder -tisch

Los geht's

Füllt das Glas etwa zur Hälfte mit Wasser und legt den Kristall vorsichtig hinein. Stellt die Klangschale dann direkt neben das Wasserglas – je näher, desto besser. Schlagt die Klangschale sanft an.

Nachdem ihr sie angeschlagen habt, entstehen zauberhafte Muster im Wasser. Lauscht genau – vielleicht flüstert euch der Kristall etwas zu!

Hinweis für die Erwachsenen

Diese magischen Bräuche und Spiele helfen Kindern, auf ihre innere Stimme zu hören und den Zauber des Augenblicks zu erleben. Lasst ihnen genug Zeit zum Entdecken und schafft eine ruhige, gemütliche Atmosphäre. Es gibt keine »richtigen« oder »falschen« Deutungen, denn jedes Kind sieht und hört auf seine eigene, besondere Weise.

Fantasiereise: Der Eulenrat im Mondscheinwald

(Mit ruhiger, sanfter Stimme vorlesen. Pausen an den … einlegen)

Mache es dir bequem und schließe deine Augen … Spüre, wie weich dein Kissen ist … Wie warm deine Decke … Atme tief ein und aus … Mit jedem Atemzug wirst du ruhiger …

Es ist eine besondere Nacht … Der Vollmond scheint durch dein Fenster … Sein silbernes Licht hüllt dich ein wie ein weicher Mantel … Du fühlst dich ganz leicht …

Stell dir vor, wie du dich vom Mondlicht tragen lässt … Es hebt dich sanft hoch … trägt dich durch das Fenster … hinaus in die sternenklare Nacht …

Unter dir liegt ein verschneiter Wald … Die Bäume tragen weiße Mützen … ihre Zweige glitzern im Mondlicht … Der Mond zeigt dir den Weg zu einer besonderen Lichtung …

Sanft landest du im weichen Schnee … In der Mitte der Lichtung steht eine uralte Eiche … Ihre Äste reichen bis in den Sternenhimmel … In ihren Zweigen sitzen zwölf weise Eulen …

Sie bilden den Eulenrat des Mondscheinwalds … Jede Eule hat ihre eigene Weisheit … ihre Augen leuchten wie goldene Laternen in der Nacht …

Die größte Eule breitet ihre Flügel aus … »Willkommen«, sagt sie mit sanfter Stimme. »Wir haben dich erwartet. Du suchst nach deinem Weg, nicht wahr?« …

Du nickst und die Eulen rücken zur Seite … Zwischen ihnen erscheint ein besonderer Spiegel … Er ist rund wie der Vollmond … sein Rahmen ist mit Sternen verziert …

»Dies ist der Spiegel der Weisheit«, erklärt die große Eule. »Er zeigt dir nicht dein Äußeres, sondern dein Inneres. Schau hinein …«

Im Spiegel siehst du Bilder … Sie zeigen deine Stärken … deine Träume … deine besonderen Gaben … Was entdeckst du? …

Die zweite Eule spricht: »Jeder Mensch hat einen inneren Kompass … Er zeigt dir den Weg zu deinen Träumen … Manchmal ist er unter Sorgen verborgen … aber er ist immer da …«

Die dritte Eule fügt hinzu: »Dein Herz ist dein Kompass … Es weiß, was gut für dich ist … Du musst nur lernen, ihm zu vertrauen … und seiner leisen Stimme zu lauschen …«

Eine kleine weiße Eule flattert zu dir herunter … Sie trägt etwas in ihrem Schnabel … Es ist eine kleine goldene Feder …

»Dies ist eine Zauberfeder«, flüstert sie. »Wenn du nicht weißt, welchen Weg du wählen sollst, halte sie in der Hand … Sie wird warm werden, wenn du in die richtige Richtung gehst …«

Die Eulen beginnen leise zu singen … Es klingt wie eine uralte Melodie … Sie erzählt von Mut und Vertrauen … von Träumen und Weisheit … von der Kraft, die in jedem von uns wohnt …

Der Mond taucht die Lichtung in silbernes Licht … Die Eulen heben ihre Flügel … Goldener Sternenstaub rieselt auf dich herab … Du fühlst dich stark und mutig …

»Denk daran«, sagt die große Eule zum Abschied, »dein Herz weiß den Weg … Vertraue ihm … und wenn du Rat brauchst, komm wieder in den Mondscheinwald …«

Das Mondlicht umhüllt dich wieder … Sanft hebt es dich hoch … Trägt dich zurück durch die Nacht … zu deinem Fenster …

Du landest weich in deinem Bett … Die goldene Feder hältst du noch in deiner Hand … Sie erinnert dich an die Weisheit der Eulen …

Atme tief ein und aus … Spüre, wie die Kraft des Eulenrats in dir weiterwirkt … Wenn du bereit bist, öffne langsam deine Augen …

Ausklang

- Bleibt noch einen Moment ruhig liegen.
- Spürt nach, wie ihr euch fühlt.
- Wer möchte, darf erzählen:
- Was habt ihr im Weisheitsspiegel gesehen?
- Welche Botschaft der Eulen war besonders wichtig?
- Wie fühlt sich euer innerer Kompass an?

Für kleine Künstler*innen

- Malt ein Bild vom Eulenrat.
- Bastelt einen eigenen Weisheitsspiegel.
- Schreibt die Botschaften der Eulen auf.
- Gestaltet eine goldene Feder als Erinnerung.

Rauhnacht-Rezept: Vollkorn-Lebkuchenplätzchen

Lebkuchen gehören zu den ältesten Backtraditionen Europas und haben ihre Wurzeln im mittelalterlichen Klostergebäck. Die würzige Mischung aus exotischen Gewürzen wie Zimt, Nelken und Kardamom war einst ein kostbares Gut. Noch heute verbinden wir den charakteristischen Duft mit Wärme, Gemeinschaft und der besinnlichen Zeit des Jahreswechsels.

Besondere Bedeutung kommt dabei der vierten Rauhnacht zu. Nach altem Volksglauben ist diese Nacht besonders kraftvoll für das Backen von Lebkuchen, da die Gewürze dann ihre volle magische Wirkung entfalten können. In dieser Zeit gebackene Lebkuchen nähren nicht nur den Körper, sondern auch die Seele und schützen vor negativen Energien. Der Duft der Gewürze sollte durch alle Räume ziehen, um das Haus zu reinigen und für ein Glück bringendes neues Jahr vorzubereiten.

(FÜR ETWA 20 LEBKUCHEN)

Zutaten

- 250 g Vollkornmehl
- 100 g gemahlene Mandeln
- 100 g weiche Butter
- 100 g Honig
- 1 Ei
- 3 EL Lebkuchengewürz
- 1 TL Backpulver
- 1 Prise Salz

Für die Lebkuchengewürzmischung

- 2 TL Zimt
- 1 TL gemahlene Nelken
- 1 TL Kardamom
- 1/2 TL Muskat
- 1/2 TL Ingwer
- 1/4 TL schwarzer Pfeffer

Zum Verzieren

- 100 g Puderzucker
- 1–2 EL Zitronensaft
- Mandelstifte
- Nüsse
- Cranberrys

Los geht's

- Alle Gewürze kommen in eine Schüssel und werden gut vermischt. Die fertige Mischung füllt ihr in ein Glas, das ihr beschriftet – so habt ihr auch später noch etwas davon!
- Stellt alle Zutaten bereit, legt das Backblech mit Papier aus und heizt den Ofen auf 180 °C vor.
- Rührt Butter und Honig schön cremig und gebt das Ei dazu. In einer anderen Schüssel mischt ihr Mehl, Mandeln und Gewürze. Dann knetet ihr alles nach und nach zu einem geschmeidigen Teig und formt eine Kugel daraus.
- Der Teig wird zwischen Backpapier etwa 5 mm dick ausgerollt. Nach einer kurzen Ruhepause im Kühlschrank könnt ihr die schonsten Formen ausstechen.
- Legt die Lebkuchen mit etwas Abstand aufs Blech, verziert sie nach Herzenslust und bestreicht sie mit Eigelb. Nach 10–12 Minuten bei

180 °C sollten sie goldbraun sein. Lasst sie abschließend auf einem Gitter abkühlen.

Für den Zuckerguss wird gesiebter Puderzucker mit Zitronensaft glatt gerührt und in einen Spritzbeutel gefüllt. Damit könnt ihr Spiralen, Sterne, Punkte und Linien aufspritzen.

Noch ein paar Tipps

Die Kinder können super beim Teig-Ausrollen, Ausstechen, Verzieren und Zuckerguss-Spritzen helfen. Die Erwachsenen übernehmen das Gewürze-Abmessen, den Ofen und das heiße Blech.

Die Lebkuchen halten sich 2–3 Wochen in einer Blechdose zwischen Pergamentpapier an einem kühlen, trockenen Ort.

Als Geschenk kann man sie in einer hübschen Dose mit Band verpacken und eine Karte mit dem Rezept dazulegen.

Vollkornlebkuchen sind nicht nur lecker, sondern auch gesünder als normale Lebkuchen. Sie sind weniger süß, reich an guten Nährstoffen und gut verträglich. Wenn der Duft der Gewürze durchs Haus zieht, zaubert er eine richtig magische Stimmung für die vierte Rauhnacht.

Märchen:
Der magische Traumfänger

Mia liebte es, ihre Oma zu besuchen. Besonders in der Zeit zwischen den Jahren, wenn die Rauhnächte das alte Jahr sanft in das neue geleiteten. In Omas kleinem Häuschen duftete es immer nach Lebkuchen und Tannennadeln und überall fanden sich geheimnisvolle Dinge.

Am meisten faszinierte Mia der alte Traumfänger, der über Omas Bett hing. Er bestand aus einem Ast, in dem silberne Fäden ein kompliziertes Muster webten. Kleine Kristalle und seltsame Amulette hingen an feinen Schnüren herab und klangen leise, wenn der Wind durch das gekippte Fenster wehte.

Dieses Jahr war Mia besonders nachdenklich. Nach den Ferien sollte sie sich entscheiden, ob sie in den Chor oder in die Kunstgruppe ihrer Schule gehen wollte. Beides liebte sie sehr, aber für beides zusammen würde die Zeit nicht reichen. Die Entscheidung bereitete ihr schlaflose Nächte.

»Oma«, fragte Mia eines Abends, als sie gemeinsam am knisternden Kamin saßen, »was hat es mit diesem besonderen Traumfänger auf sich?«

Oma lächelte geheimnisvoll und ruckte ihre Brille zurecht. »Das ist eine besondere Geschichte«, sagte sie. »Sie beginnt vor vielen Jahren, als ich noch ein kleines Mädchen war und eine schwere Entscheidung treffen musste.«

Sie nahm einen Schluck aus ihrer Teetasse und begann zu erzählen: »Eines Tages, es war genau wie heute die vierte Rauhnacht, ging ich durch den Wald und traf eine alte Frau, die Zweige sammelte und dabei geheimnisvolle Worte murmelte.

›Du kannst dich nicht zwischen zwei Wegen entscheiden, nicht wahr?‹, fragte sie mich. Ich nickte erstaunt. ›Woher weißt du das?‹

Die alte Frau lächelte. ›Ich kann es in deinen Augen sehen. Sie suchen nach Antworten, genau wie die Sterne nach ihrem Platz am Himmel suchen.‹ Sie bückte sich und hob einen gewundenen Ast auf. Dann zog sie einen silbernen Faden aus ihrer Tasche und begann, ihn um den Ast zu weben. Ihre Finger bewegten sich wie von selbst, während sie sprach: ›Siehst du die Muster? Sie sind wie die Wege des Lebens. Manchmal kreuzen sie sich, manchmal laufen sie parallel, aber jeder Faden findet sein Ziel.‹

An den Fäden befestigte sie kleine Kristalle. ›Diese Kristalle‹, erklärte sie, ›sammeln das Mondlicht. Sie helfen dir klarzusehen, auch wenn der Weg dunkel erscheint.‹

Dann hängte sie seltsame kleine Amulette daran. ›Jedes davon trägt eine Erinnerung an einen Moment der Stärke. Wenn du zweifelst, werden sie dich daran erinnern, was du alles kannst.‹

Als sie fertig war, reichte sie mir den

Traumfänger. ›Er wird dir helfen, auf deine innere Stimme zu hören. Häng ihn über dein Bett, und wenn du nicht weißt, welchen Weg du wählen sollst, schau ihn vor dem Einschlafen an. Deine Träume werden dir den Weg weisen.‹«

Oma hielt inne und nahm noch einen Schluck Tee. Mia saß ganz still.

»Und? Hat er funktioniert?«, fragte sie schließlich.

»Oh ja«, antwortete Oma. »Jedes Mal, wenn ich unsicher war, half er mir, die richtigen Entscheidungen zu treffen. Nicht durch Magie, verstehst du, sondern indem er mich daran erinnerte, in mich hineinzuhorchen und meinem Herzen zu vertrauen.«

Sie stand auf und ging zum Fenster, durch das man den Vollmond sehen konnte. »Und weißt du was? Ich glaube, es ist Zeit, dass der Traumfänger einen neuen Platz findet. Bei dir!«

Mias Augen wurden groß. »Wirklich? Du schenkst ihn mir?«

Oma nickte. »Ja, du bist in dem Alter, wo man seinen Weg zu suchen beginnt. Der Traumfänger wird dir helfen, deinem inneren Kompass zu vertrauen.«

Sie nahm den Traumfänger vorsichtig von der Wand und reichte ihn Mia. Die Kristalle funkelten im Mondlicht und die Amulette klingelten leise.

»Aber Oma«, sagte Mia, »was ist jetzt mit deinen Träumen?«

Oma lachte. »Ich habe all meine Träume in mir.«

In dieser Nacht hing der Traumfänger zum ersten Mal über Mias Bett. Als sie einschlief, schien es ihr, als würden die silbernen Fäden im Mondlicht tanzen und ihr Geschichten zuflüstern von Mut und Vertrauen, von Wegkreuzungen und Entscheidungen und von der Weisheit des Herzens. Im Traum sah sie sich selbst auf einer Bühne stehen und ein wunderschönes Lied singen. Und als sie am nächsten Morgen aufwachte, wusste sie, wie sie sich entscheiden würde. Und sie wusste, dass sie nie wieder allein nach ihrem Weg suchen musste.

Gesprächsimpulse für nach der Geschichte

- Was glaubt ihr, wie hat der Traumfänger Oma geholfen?
- Habt ihr auch etwas Besonderes, das euch hilft, Entscheidungen zu treffen?
- Was bedeutet es, seinem inneren Kompass zu vertrauen?
- Welche Erinnerungen an starke Momente würdet ihr in einem Traumfänger sammeln?

5. Zaubernacht

Dein Körper ist ein kleines Wunder

★ 29. Dezember

Die magische Zeit der Rauhnächte ist eine Einladung, die äußere Welt mit ihren vielen Reizen einmal für eine Weile hinter sich zu lassen und innzuhalten. »Innezuhalten« bedeutet nicht zuletzt auch, in sich zu gehen – den Kontakt mit sich selbst zu vertiefen. Und das ist für Kinder vielleicht noch wichtiger als für uns selbst. Einer der einfachsten und zugleich direktesten Wege, die zu uns selbst führen, besteht darin, den eigenen Körper wieder bewusst wahrzunehmen und wertzuschätzen. Im eigenen Körper warten viele Geheimnisse und Weisheiten darauf, entdeckt zu werden.

Kinder erleben ihren Körper oft noch ganz intuitiv und unmittelbar. Sie spüren das Kribbeln der Aufregung im Bauch, das Schwerwerden der Augenlider vor dem Einschlafen und die Leichtigkeit in den Füßen beim Tanzen. Diese körperliche Intelligenz ist eng verbunden mit ihren Träumen, in denen der Körper oft eine eigene Sprache spricht. Im Traum kann alles, was tagsüber erlebt wurde, verarbeitet werden. Darüber hinaus verbergen sich in Träumen aber oft auch Hinweise auf neue Wege und Möglichkeiten. Ein einfaches kleines Traumtagebuch kann für Kinder der Schlüssel sein, um diese nächtlichen Botschaften zu entschlüsseln und zu verstehen.

Nimm dir heute Zeit, mit deinen Kindern die Botschaften des Körpers zu erforschen und euch gemeinsam dem Thema »Traum« zu widmen.

Was hast du heute Nacht geträumt?

Die fünfte Rauhnacht war für meine Großmutter die *Nacht der sprechenden Träume*. Sie war fest davon überzeugt, dass die Träume in dieser Nacht eine besondere Sprache sprechen – die Sprache unseres Körpers und der Natur.

Von ihr lernte ich schon sehr früh, dass Träume nicht einfach nur irgendwelche wirren Bilder sind, sondern dass sie Botschaften unserer tiefsten Weisheit in sich tragen.

Material

- ein schönes Traumtagebuch
- bunte Stifte
- eine kleine Traumkiste
- Aufkleber mit Sternen und Monden
- eine Kerze

Für süße Träume

Lüftet vor dem Schlafen euer Zimmer gut durch. Atmet ruhig und sammelt schöne Gedanken für die Nacht. Wenn ihr aufwacht, kommt langsam zurück, erinnert euch so gut wie möglich an eure Träume und seid dankbar für den neuen Tag.

Die Träume der fünften Rauhnacht zeigen euch, wie wunderbar euer Körper arbeitet, auch wenn ihr schlaft. Sie erinnern euch daran, dass ihr Teil der großen Natur seid und dass jeder Traum ein Geschenk ist.

Das Abendritual

Kommt vor dem Schlafengehen gemeinsam zur Ruhe. Lest eine kleine Traumgeschichte und legt euer Traumtagebuch neben das Bett. Schreibt auf, was ihr gerne träumen möchtet. Dann macht es euch richtig gemütlich – kuschelt euch unter die Decke und sagt leise den Traumspruch auf, bevor ihr die Kerze auspustet:

»Träume, Träume, kommt zu mir,
Zeigt mir Bilder, zeigt sie mir,
Was ich sehe, was ich spür,
Öffnet mir im Traum die Tür.«

- **Das Morgenritual**

  Wenn ihr aufwacht, bleibt noch ein bisschen liegen und denkt an euren Traum. Was habt ihr gesehen, was habt ihr erlebt? Sprecht euren Traum leise aus. In eurem Traumtagebuch könnt ihr alles aufschreiben: was ihr erlebt und gesehen habt, wer dabei war und wie ihr euch gefühlt habt. Malt ein buntes Bild dazu und verziert es mit Sternen und Monden.

Was Träume euch erzählen

Jeder Traum hat eine Bedeutung. Nur ihr selbst könnt herausfinden, was euer Traum euch sagen will. Manchmal können jedoch ein paar kleine Hinweise nicht schaden, um die versteckten Botschaften der Nacht zu entschlüsseln. Im Folgenden findet ihr einige Deutungen von Träumen, die euch helfen, zu verstehen, welches Geheimnis euer Traum euch verraten will.

Träume von Freiheit und Freude:

- Wenn ihr im Traum fliegt, zeigt das, dass ihr euch frei und stark fühlt. Es kann bedeuten, dass ihr gerade voller Selbstvertrauen seid und glaubt, alles schaffen zu können!
- Träumt ihr, dass ihr schwimmt, dann verarbeitet euer Gehirn wahrscheinlich eure Gefühle. Es kann bedeuten, dass ihr lernt, mit euren Gefühlen umzugehen, genau wie ihr lernt, euch im Wasser zu bewegen.
- Tanzen zeigt, dass ihr Freude und Glück in euch tragt. Es kann bedeuten, dass ihr im echten Leben gerade sehr fröhlich seid oder euch nach mehr Spaß und Ausgelassenheit sehnt.

- Lachen im Traum bedeutet, dass euer Herz voller Freude ist. Es kann ein Zeichen sein, dass ihr euch wohlfühlt und glücklich seid, auch wenn ihr vielleicht tagsüber manchmal ein bisschen besorgt seid.
- Wenn ihr im Traum mit Tieren sprecht, zeigt euch das eure tiefe Verbindung zur Natur.

Spannende Träume:

- Rennen zeigt euch, dass ihr Eile habt oder vor etwas davonlaufen möchtet.
- Träume vom Suchen bedeuten, dass ihr nach Antworten oder Lösungen für etwas Wichtiges in eurem Leben sucht. Vielleicht vermisst ihr etwas oder jemanden oder ihr versucht, etwas Neues zu verstehen.
- Wenn ihr im Traum über Brücken geht, bedeutet das, dass ihr von einem Ort zu einem anderen übergeht. Es kann zeigen, dass ihr gerade eine Veränderung erlebt oder eine wichtige Entscheidung treffen müsst.
- Von fremden Ländern zu träumen, verrät euch, dass ihr neugierig seid und Lust auf Abenteuer habt.

Unruhige Träume:

- Wenn ihr im Traum fallt, heißt das, dass ihr vor irgendetwas Angst habt oder euch unsicher fühlt.
- Wenn ihr euch im Traum verstecken müsst, fühlt ihr euch vielleicht im echten Leben unsicher oder möchtet nicht, dass euch jemand sieht oder bemerkt.
- Träume von Dunkelheit bedeuten oft, dass ihr im Moment nicht wisst,

was als Nächstes kommt. Manchmal habt ihr auch einfach ein bisschen Angst vor dem Unbekannten.

- Träume, in denen euch jemand verfolgt, zeigen, dass ihr vor etwas weglaufen möchtet – vielleicht vor einer Aufgabe, einer Angst oder einem Gefühl.
- Monster im Traum stehen oft für Sorgen oder Ängste. Vielleicht gibt es etwas, das euch unheimlich vorkommt oder das ihr nicht gut versteht.

Entdeckungsreise durch deinen Körper

In unserer schnelllebigen, digitalisierten Welt, in der Kinder immer mehr Zeit vor Bildschirmen verbringen, ist der bewusste Kontakt zum eigenen Körper wichtiger denn je. Vielen Kindern fällt es heute schwer, sich noch richtig zu spüren – dann werden sie unruhig, fühlen sich gestresst und verlieren ihren Halt. Die folgende Körperreise ist speziell darauf ausgerichtet, Kindern einen liebevollen Zugang zu ihrem Körper zu ermöglichen und sie wieder mit dessen natürlicher Weisheit und Intelligenz in Verbindung zu bringen.

Hinweis für die Erwachsenen

Die Entdeckungsreise durch den Körper zeigt deinem Kind, welch wunderbares Geschenk sein Körper ist. Jeder Teil hat seine eigene Weisheit und

Kraft. Besonders in der Ruhe der Rauhnächte fällt es leicht, den eigenen Körper einmal ganz bewusst zu spüren. Bei dieser Übung brauchen Kinder allerdings deine Begleitung, oder genauer gesagt deine Anleitung. Lies den folgenden Text langsam und mit ruhiger Stimme vor. Gib deinem Kind Zeit, jeden Schritt nachzuvollziehen.

Gute Voraussetzungen schaffen

Sorge für bequeme Kleidung und eine weiche Unterlage.

Du kannst eine gemütliche Atmosphäre schaffen, indem du darauf achtest, dass Kissen und Decken parat liegen und der Raum schön warm ist. Gedämpftes Licht oder Kerzenschein können die Entspannung ebenso fördern wie leise Musik im Hintergrund.

Nimm dir selbst einen Moment Zeit, um ruhig zu werden. Sprich die Anleitung weiter unten dann langsam und sanft und bleibe geduldig, wenn dein Kind unruhig wird. Im Anschluss an die Körperreise ist es oft gut, deinem Kind die Möglichkeit zu geben, um über seine Erfahrungen zu sprechen.

Erst etwas Bewegung

Bevor ihr mit der Entspannung beginnt, lasst den Körper noch einmal richtig in Schwung kommen! Tobt ein bisschen herum, hüpft wie ein Frosch durch den Raum. Klopft sanft euren ganzen Körper von oben nach unten ab wie ein leichter Regenschauer oder trommelt vorsichtig mit den Fingerspitzen über Arme, Beine und Bauch. Ein wenig Bewegung hilft, die Wuseligkeit loszuwerden, und macht euch bereit, schön zur Ruhe zu kommen.

Hier ist die Anleitung:

- Lege dich bequem auf den Rücken. Die Arme liegen locker neben deinem Körper, die Beine sind leicht ausgestreckt. Schließe deine Augen und atme ruhig ein und aus.
- Spüre, wie dein ganzer Körper schwer wird und in den Boden sinkt. Du fühlst dich sicher und geborgen wie in einem weichen, warmen Nest.

Den Körper erkunden

- Jetzt beginnt die Reise durch deinen Körper. Wir starten bei deinen Füßen. Spüre deine Zehen, deine Fußsohlen und deine Fersen. Vielleicht kannst du ein leichtes Kribbeln wahrnehmen.
- Spüre dann deine Beine – wie sie auf dem Boden liegen. Sie sind ganz schwer und entspannt.
- Reise weiter zu deinem Bauch und deiner Brust. Spüre, wie sich dein Bauch und deine Brust beim Atmen heben und senken, ganz von alleine, wie Wellen im Meer.
- Jetzt kommen wir zu deinen Schultern und deinem Rücken. Lass deine Schultern ganz locker werden und spüre, wie dein Rücken sanft auf dem Boden ruht. Du musst gar nichts tun.
- Achte jetzt einmal auf deine Arme und Hände. Deine Finger sind ganz entspannt, wie kleine schlafende Tiere.
- Nun kommt dein Kopf und dein Gesicht. Spüre, wie dein Kopf auf dem Boden liegt. Deine Stirn ist glatt, dein Kiefer locker und die Wangen sind weich.

Den Atem beobachten

- Lege jetzt deine Hände einmal sanft auf deinen Bauch. Spüre, wie sich dein Bauch beim Einatmen hebt und beim Ausatmen wieder entspannt. Beobachte diese Bewegung wie die Wellen am Strand, die kommen und gehen …

Zurückkehren und aufwachen

- Atme nun dreimal tief ein und aus. Eins … zwei … drei …
- Bewege langsam deine Finger und Zehen. Strecke und räkele dich wie eine Katze, die gerade aufwacht. Öffne langsam deine Augen und komm zurück in den Raum.
- Du fühlst dich frisch und erholt wie nach einem schönen Traum.

Das geheimnisvolle Wetter-Orakel

Genau wie unser Körper auf feinste Veränderungen reagiert, so spiegelt auch das Wetter die Rhythmen und Stimmungen der Natur wider. Wenn wir lernen, die Zeichen des Wetters zu lesen, schärfen wir gleichzeitig unsere Wahrnehmung für die subtilen Signale unseres eigenen Körpers. Diese uralte Verbindung zwischen Mensch und Natur lädt uns ein, gemeinsam mit unseren Kindern zu beobachten, zu fühlen und die wunderbare Sprache der Elemente zu verstehen.

Die Sprache des Wetters

Meine Großmutter kannte keine wissenschaftlichen Wetterkarten, aber sie verstand die Sprache des Himmels besser als jeder Meteorologe. Sie wusste die Wolken und Windrichtungen genau zu deuten, konnte vorhersagen, wann es regnen würde, und lag erstaunlich oft richtig. Die tiefe Verbindung zur natürlichen Welt um uns herum ist heute weitgehend verloren gegangen. Aber indem wir unsere Achtsamkeit wieder mehr auf das Wetter richten, können wir dieses alte Wissen zurückgewinnen.

- **Was uns die Wolken sagen**

  Die Schäfchenwolken verraten uns, dass das Wetter so bleibt. Hohe Schleierwolken kündigen eine Änderung an, dunkle Gewitterwolken bringen Regen zur Reinigung und Nebelschwaden hüllen alles in Geheimnisse.

- **Was der Wind erzählt**

  Der Nordwind bringt Klarheit, der Südwind Wärme. Der Ostwind kündigt Neubeginn an, während der Westwind Umbruch mit sich bringt.

- **Was die Tiere wissen**

  Wenn Vögel hoch fliegen, wird das Wetter gut. Putzen sich die Katzen, kommt bald Regen. Spinnen, die fleißig weben, kündigen Trockenheit an und eilige Ameisen warnen vor Sturm.

Unsere Wetterrituale

Die täglichen Wetterrituale meiner Großmutter gaben unserem Bauernleben Struktur und Tiefe. Bei Sonnenaufgang stand sie stets an der alten Eiche hinter unserem Haus und betrachtete den Himmel in alle vier Himmelsrichtungen. »Der Morgen verrät, was der Tag bringen wird – man muss nur genau hinsehen«, sagte sie mir, als ich alt genug war, sie zu begleiten. Diese einfache Übung, den Tag mit bewusster Naturbeobachtung zu beginnen, hat mein Leben nachhaltig beeinflusst. Noch heute beginne ich jeden Morgen mit einem Blick in den Himmel und spüre dabei die Verbundenheit zu den ewigen Rhythmen der Natur.

Im Folgenden findet ihr einige Möglichkeiten, einmal genauer hinzuschauen und intensiver zu spüren. Unser Körper und die Natur sind dabei unsere besten Lehrer, die uns die Sprache des Wetters beibringen.

- **Am Morgen**

  Geht bei Sonnenaufgang nach draußen, schaut in alle vier Himmelsrichtungen, beobachtet die ersten Vögel und deutet die Wolkenformen.
- **Am Abend**

  Schaut euch den Sonnenuntergang an, zählt die Farben am Himmel, spürt, woher der Wind weht, und merkt euch, wie der Mond aussieht.
- **In der Nacht**

  Beobachtet die Sterne, lauscht den Nachtgeräuschen, fühlt, wie feucht die Luft ist, und merkt euch eure Träume.

Das Wetter fühlen

Unser Körper ist der feinste Wetterfühler. Er erinnert sich an die Urzeit, als wir noch völlig den Elementen ausgesetzt waren. Wenn wir achtsam sind, können wir Zusammenhänge erkennen – etwa das leichte Ziehen im Knie vor dem Regen, die bleierne Müdigkeit vor dem Gewitter oder ein Kribbeln und eine Unruhe in der Luft, wenn elektrische Spannung die Atmosphäre auflädt. Empfindlich auf das Wetter zu reagieren, ist ein Geschenk. In unserer modernen, von der Natur oft abgeschnittenen Welt erscheinen solche Zusammenhänge vielen als Aberglauben – doch wer die Sprache seines Körpers im Einklang mit der Natur zu lesen versteht, besitzt eine Weisheit, die keine App ersetzen kann.

Was der Körper spürt

- Wenn dir der Kopf wehtut, kann das bedeuten, dass bald ein Unwetter kommt – die Luft drückt dann anders auf uns.
- Fühlst du dich müde und schlapp? Das passiert oft, wenn es draußen schwül und die Luft ganz feucht wird.
- Wenn Oma sagt: »Meine Knie tun weh, es gibt Regen« – dann hat sie meistens recht! Unsere Gelenke spüren den Regen nämlich schon, bevor er da ist.
- Spürst du ein Kribbeln auf deiner Haut? Das kann ein Zeichen sein, dass ein Gewitter unterwegs ist.
- Wenn Menschen mit Husten oder Asthma plötzlich schlechter Luft bekommen, ändert sich oft das Wetter oder es fliegen mehr Blütenpollen durch die Luft.

- Manchmal kannst du schlecht schlafen, wenn der Mond ganz rund am Himmel steht oder wenn es tagsüber heiß und nachts kalt ist.

Was die Natur zeigt

- Schau mal die Tannenzapfen an: Wenn sie sich öffnen und ihre Schuppen spreizen, wird es sonnig und trocken. Sind sie fest geschlossen, kommt bald Regen – so schützen sie ihre kleinen Samen!
- Gänseblümchen sind wie kleine Wetterfreunde: Bei Sonnenschein öffnen sie ihre Blüten weit, als würden sie lächeln. Wenn Regen kommt, machen sie schnell zu, damit ihre Blütenblätter nicht nass werden.
- Die fleißigen Bienen können das Wetter vorhersagen: Wenn sie wild herumsummen und viele Blumen besuchen, bleibt das Wetter schön. Bleiben sie aber im Bienenstock, wird es bald regnen oder stürmen.
- Wenn du plötzlich viele Regenwürmer auf dem Boden siehst, zieh deine Regenjacke an! Sie kriechen nach oben, wenn es feucht wird, weil sie nicht ertrinken wollen, wenn ihre Gänge unter der Erde voll Wasser laufen.
- Siehst du Spinnen, die neue Netze bauen? Dann wird das Wetter gut! Spinnen wissen genau, wann es sich lohnt, ein neues Netz zu spinnen – sie machen das nur, wenn kein Regen oder Sturm kommt.
- Schwalben sind kluge Wetterfrösche: Wenn sie hoch am Himmel fliegen, bleibt es schön. Fliegen sie aber ganz tief über dem Boden, jagen sie Insekten, die vor dem Regen fliehen – also wird es bald nass!

Fantasiereise: Zauberreise durch den Körperwald

(Mit ruhiger, sanfter Stimme vorlesen. Pausen an den … einlegen)

Mache es dir ganz bequem … Spüre, wie weich deine Unterlage ist … Wie warm deine Decke … Atme tief ein und aus … Mit jedem Atemzug wirst du ruhiger …

Stell dir vor, du wirst ganz klein … so klein wie eine Waldelfe … Vor dir öffnet sich ein magisches Portal … es führt in deinen eigenen Körperwald …

Du trittst durch das Portal und findest dich in einem wundersamen Wald wieder … Der Boden unter deinen Füßen pulsiert sanft im Rhythmus deines Herzens … Bum-bum … Bum-bum …

Über dir wölben sich rote Äste wie ein Dach … Es sind deine Blutgefäße, die wie Baumkronen den Wald durchziehen … Sie tragen leuchtend rote Blätter, die Sauerstoff durch deinen ganzen Körper tragen …

Du folgst einem plätschernden Bach … Es ist dein Lymphfluss, der wie ein kleiner Waldbach alles reinigt und erfrischt … Das Wasser glitzert silbern und singt eine sanfte Melodie …

Am Ufer stehen starke Bäume … Das sind deine Knochen, die wie ein stabiles Gerüst den Wald tragen … Zwischen ihnen spannen sich elastische Lianen – deine Muskeln und Sehnen …

Ein warmer Wind streicht durch den Wald … Es ist dein Atem, der wie eine sanfte Brise alles mit frischer Energie versorgt … Kleine Schmetterlinge tanzen im Wind – sie tragen Heilung und Kraft …

Du kommst zu einer Lichtung … In ihrer Mitte steht ein besonderer Baum … Es ist dein Herzbaum … Seine Wurzeln reichen tief in die Erde … Sein Stamm pulsiert im Rhythmus deines Herzens … Seine Zweige strecken sich zum Himmel …

Setz dich an den Herzbaum und lehne dich an … Spüre, wie seine Kraft durch dich fließt … wie sein Rhythmus dich stärkt … wie seine Wurzeln dich erden …

In den Zweigen über dir sitzen verschiedene Vögel … Sie sind deine Gedanken und Gefühle … Manche singen fröhlich, andere leise … Alle gehören zu dir und deinem Wald …

Eine kleine Waldelfe kommt zu dir … Sie trägt eine goldene Gießkanne … »Dies ist die Kanne der Heilung«, erklärt sie. »Wo soll ich etwas Heilwasser hingießen?« …

Zeig der Elfe die Stellen in deinem Körperwald, die Pflege oder etwas Hilfe brauchen … Spüre, wie das goldene Wasser sanft einzieht und Kraft schenkt …

Die Elfe lächelt und überreicht dir einen kleinen Kristall … »Dies ist dein Waldkompass«, sagt sie. »Er hilft dir, immer zu spüren, was dein Körper braucht.« …

Halte den Kristall in deiner Hand … Er beginnt sanft zu leuchten … Seine Wärme breitet sich in deinem ganzen Körper aus … Du fühlst dich stark und gesund …

Es wird Zeit, zurückzukehren … Die Elfe begleitet dich zum Portal … »Komm bald wieder«, flüstert sie. »Dein Körperwald freut sich immer über deinen Besuch.« …

Du trittst durch das Portal … wirst wieder größer … kommst langsam zurück …

spürst deinen Atem … deinen Herzschlag … deine Kraft …

Bewege sanft deine Finger und Zehen … Räkle dich wie nach einem schönen Traum … Und wenn du bereit bist, öffne deine Augen …

Ausklang

- Bleibt noch einen Moment ruhig liegen.
- Spürt nach, wie sich euer Körper anfühlt.
- Wer möchte, darf erzählen:
- Wie sah euer Körperwald aus?
- Was hat die Elfe bei euch gegossen?
- Wie fühlt sich euer Waldkompass an?

Für kleine Künstler*innen

- Malt ein Bild von eurem Körperwald.
- Bastelt einen eigenen Waldkompass.
- Schreibt auf, was euer Körper euch erzählt hat.

Rauhnacht-Rezept: Warmer Fruchtpunsch (natürlich alkoholfrei)

In den dunklen Rauhnächten, wenn die Natur zur Ruhe kommt und wir uns nach Wärme und Gemeinschaft sehnen, bringt dieser duftende Fruchtpunsch mit seinen wärmenden Gewürzen Licht und Behaglichkeit in die Winterabende.

(FÜR 6–8 PERSONEN)

Zutaten Grundrezept

- 1 l naturtrüber Apfelsaft
- 500 ml Kirschsaft
- 500 ml Orangensaft
- 2 Bioorangen
- 2 Biozitronen
- 3 Zimtstangen
- 4 Gewürznelken
- 2 Sternanis
- 1 Stück frischer Ingwer (ca. 3 cm)
- 3 EL Honig (nach Geschmack)
- optional: Cranberrysaft zum Verfeinern

Zum Garnieren

- Orangenscheiben
- Zitronenscheiben
- Zimtstangen
- Sternanis
- frische Minzblätter

So wird's gemacht

- Wascht die Orangen und Zitronen gründlich und schneidet sie in schöne Scheiben. Den Ingwer schält ihr und reibt ihn fein. Stellt alle Gewürze und einen großen Topf bereit.
- Alle Säfte kommen in den Topf, dazu die Orangen- und Zitronenscheiben. Gebt die Gewürze dazu und rührt den geriebenen Ingwer ein.
- Erwärmt alles auf mittlerer Stufe, aber lasst es nicht kochen. Nach etwa 15 Minuten Ziehen und gelegentlichem Umrühren könnt ihr den Honig nach Geschmack zugeben.

Leckere Variationen

- Für eine Extraportion Vitamine gebt ihr Ingwer, Sanddornsaft, frische Beeren und eine Prise Acerolapulver hinzu.
- Zum Aufwärmen an kalten Wintertagen sind Zimt, Kardamom und eine Vanilleschote die richtigen Zutaten.
- Um das Immunsystem zu stärken, bereitet ihr den Punsch mit Holunderbeersaft, frischem Thymian, Hagebuttenmark und etwas Propolis zu.

Am besten serviert ihr den Punsch in großen Tassen mit einer Orangenscheibe, Zimtstange und/oder einem Minzblatt.

Darauf solltet ihr achten

Zum Aufwärmen den Punsch nicht mehr kochen, sondern nur langsam erwärmen. Erneuert die Gewürze und gebt frische Früchte dazu.

Der Punsch ist reich an Vitamin C, stärkt das Immunsystem, wärmt von innen und tut Hals und Stimme gut.

In Glasflaschen abgefüllt hält er sich im Kühlschrank 2–3 Tage. Vor dem Trinken gut schütteln!

Verwendet nur naturtrübe Säfte und Biofrüchte ohne künstliche Zusätze. Den Honig nicht zu heiß erhitzen, damit seine heilsamen Eigenschaften erhalten bleiben.

Märchen: Die tanzenden Eisblumen

In einer besonders kalten Winternacht saß die kleine Maria an ihrem Fenster und konnte nicht schlafen. Der Frost hatte wunderschöne Eisblumen ans Glas gemalt – feine, glitzernde Ranken und Sterne, die im Mondlicht schimmerten.

Maria hatte ein bisschen Bauchweh. Das passierte immer, wenn sie aufgeregt war. Morgen würde sie beim Winterfest in der Schule ein Gedicht aufsagen und in ihrem Bauch grummelte es, als flatterte dort ein nervöser Schmetterling. Während sie die Eisblumen betrachtete, hörte sie ein leises Klingeln wie von winzigen Glöckchen. Eine der Eisblumen begann zu leuchten, löste sich vom Fenster und schwebte als zartes, glitzerndes Wesen in ihr Zimmer.

»Hallo, Maria«, flüsterte die Eisblume mit einer Stimme, die klang wie fallender Schnee. »Ich bin Flora, die Eisblumenfee. Ich habe gemerkt, dass du Kummer hast.« Nun lösten sich auch die anderen Eisblumen vom Fenster, leuchteten, schwebten durch das Zimmer und formten einen glitzernden Reigen.

»Weißt du«, sagte Flora sanft, »dein Körper ist wie unser Eisblumentanz. Alles ist miteinander verbunden, alles bewegt sich im gleichen Rhythmus. Wenn eine Blume aus dem Takt kommt, spüren es alle anderen.«

Maria schaute fasziniert zu, wie die Eisblumen einen immer schöneren

Tanz aufführten. Flora schwebte näher. »Dein Bauch tanzt gerade nicht im Rhythmus, weil er deine Sorgen aufgenommen hat. Und darum tut er weh. Aber wir können ihm helfen, wieder in seinen Tanz zu finden. Möchtest du mitmachen?«

Maria nickte und Flora begann, sanft um sie herumzutanzen. »Leg deine Hand auf deinen Bauch«, wies sie an. »Spürst du, wie er sich beim Atmen hebt und senkt? Das ist sein Tanz.«

Die anderen Eisblumen bildeten einen leuchtenden Kreis um Maria. Sie bewegten sich in einem sanften Rhythmus, der genau zu Marias Atem passte. Maria schloss die Augen und atmete ruhig ein und aus. Der Eisblumentanz wurde zu einer wunderschönen Melodie in ihrem Kopf. Sie spürte, wie sich die Anspannung in ihrem Bauch langsam löste.

»Jeder Teil deines Körpers hat seinen eigenen Tanz«, erklärte Flora. »Dein Herz tanzt seinen mutigen Herzschlagtanz. Deine Lunge tanzt ihren Atemwalzer. Dein Blut tanzt seinen fließenden Stromtanz durch deinen ganzen Körper.«

Die Eisblumen begannen, verschiedene Tänze vorzuführen. »Und weißt du was?«, sagte Flora, während sie eine besonders schöne Pirouette drehte, »Aufregung ist auch ein Tanz. Sie zeigt, dass dein Körper sich auf etwas Besonderes vorbereitet. Wie ein Tänzer vor seinem großen Auftritt.«

Maria hatte noch nie so über ihre Aufregung nachgedacht. »Also ist es gar nicht schlimm, dass ich wegen morgen so aufgeregt bin?«

»Überhaupt nicht«, lächelte Flora. »Lass die Aufregung mittanzen!« Die Eisblumen tanzten nun einen ruhigen, fließenden Tanz. »Wenn du morgen dein Gedicht aufsagst, stell dir einfach vor, du tanzt einen Eisblumentanz.«

Maria fühlte sich auf einmal viel leichter. Ihr Bauch hatte aufgehört zu grummeln und die Aufregung fühlte sich jetzt tatsächlich mehr wie ein aufgeregtes Tanzen an.

Allmählich begannen die Eisblumen zu verblassen. »Es wird Zeit für uns, zum Fenster zurückzukehren«, sagte Flora. »Aber vergiss nicht: Dein Körper ist der schönste Tanz der Natur. Vertrau seinem Rhythmus.«

Eine nach der anderen schwebten die Eisblumen zurück zum Fenster, wo sie wieder zu glitzernden Frostmustern erstarrten. Flora war die letzte. »Schlaf gut, kleine Tänzerin«, flüsterte sie, bevor auch sie zu einer funkelnden Eisblume am Fenster wurde.

Maria kuschelte sich in ihr Bett und legte ihre Hand auf den Bauch. Sie spürte ihren ruhigen Atem, ihren sanften Herzschlag und all die anderen kleinen Tänze in ihrem Körper. Mit einem Lächeln schlief sie ein.

Am nächsten Tag trug sie ihr Gedicht vor der ganzen Schule vor. Und wenn die Aufregung kam, dachte sie an den Eisblumentanz und ließ sie einfach mitschwingen – und war gar nicht mehr aufgeregt.

Gesprächsimpulse für nach der Geschichte

- Wo in eurem Körper könnt ihr Tänze spüren?
- Wie fühlt sich der Tanz der Aufregung bei euch an?
- Welchen Tanz würdet ihr mit den Eisblumen tanzen?
- Was hilft eurem Körper, wieder in seinen Rhythmus zu finden?

6. Zaubernacht

Gefühle sind wie Farben

★ 30. Dezember

DIE sechste Rauhnacht öffnet ein besonderes Fenster zu unserer Gefühlswelt. In dieser Zeit zwischen den Jahren sind wir empfänglicher für die feinen Nuancen unserer inneren Landschaft. Wie ein Regenbogen entfalten sich unsere Gefühle: Das Morgengelb bringt Fröhlichkeit und Neugier, das Mittagsrot steht für Mut und Kraft. Im Abendblau finden wir Ruhe und Geborgenheit, während das Nachtviolett uns mit Fantasie und Weisheit verzaubert.

Für Kinder ist es wichtig, ihre Gefühle zu erkennen und gesund auszudrücken. Gefühle sind wertvolle Wegweiser, keine Hindernisse. Nur wenn Kinder lernen, ihre Gefühle auch bewusst zu fühlen, entwickeln sie eine emotionale Intelligenz, die sie ihr ganzes Leben lang begleitet. Die Fähigkeit, Gefühle wie Freude und Trauer, Wut und Angst anzunehmen, ist wie ein innerer Schatz, der in schwierigen Zeiten Halt gibt.

In diesem Kapitel findest du Anregungen, Spiele und kleine Rituale, die den Kontakt deiner Kinder zu ihren Gefühlen fördern. Von Malübungen mit Gefühlsfarben bis zu Geschichten über emotionale Landschaften – jede Aktivität lädt ein, gemeinsam die Palette der Emotionen zu entdecken und einen Raum zu schaffen, in dem alle Gefühle willkommen sind.

Male deine Gefühle

Als Kind war ich oft überwältigt von meinen Gefühlen. Meine Großmutter bemerkte das und legte mir eines Tages ein Blatt Papier und Wasserfarben hin. »Valentin«, sagte sie sanft, »wenn du nicht sagen kannst, was in dir vorgeht, dann male es. Die Farben können sprechen, wenn Worte fehlen.« Dieses einfache Ritual wurde zu meiner Zuflucht. In unserer kinderreichen Familie war nicht immer Zeit für lange Gespräche, aber ein Blatt Papier fand sich immer und meine Großmutter verstand die Sprache meiner Farbkleckse besser als viele Worte.

Material

- große Papierbögen
- Wasserfarben
- Wachsmalkreiden
- Buntstifte
- Fingerfarben
- Schwämme und Pinsel
- alte Zeitungen als Unterlage
- Schürzen oder alte Hemden
- Wassergläser
- entspannende Musik

Macht den Raum gemütlich, richtet die Malplätze ein und legt alle Materialien bereit. Entspannende Musik und Schutzkleidung nicht vergessen!

Gemeinsam zu malen, öffnet Türen zu unserer Gefühlswelt und macht Großen und Kleinen Spaß.

- Beim »Gefühle-Orchester« nimmt jeder seinen eigenen Farbton und alle malen gleichzeitig auf einem großen Blatt – wie Musiker, die zusammen ein buntes Konzert erschaffen.
- Bei der »Gefühle-Reise« beginnt jeder mit einem eigenen Bild, das dann im Kreis weitergegeben wird, sodass jedes Kind neue Farben und Formen hinzufügen kann.
- Und beim »Gefühle-Tanz« bewegen wir uns frei zur Musik und lassen anschließend diese Bewegungen als farbenfrohe Spuren auf dem Papier tanzen.

Ihr könnt auf unterschiedliche Weise malen: Mit Schwämmen tupfen wir Gefühle-Punkte und finden dabei unseren eigenen Rhythmus. Gefühle-Linien können schnell und aufgeregt, wellig und freudig, zackig und wütend oder rund und geborgen sein. Bei den Gefühle-Klecksen lassen wir Farbe tropfen, falten das Blatt und entdecken spannende Formen.

- **Das Gefühle-Wetter**

  Malt eure Wut zum Beispiel als wildes Gewitter, die Freude als strahlenden Sonnenschein, Traurigkeit als sanften Regen und Aufregung als stürmischen Wind. Lasst eurer Fantasie freien Lauf – es gibt kein Richtig oder Falsch! Jeder darf seine Gefühle so malen, wie er sie empfindet.
- **Die Gefühle-Tiere**

  Lasst einen mutigen Löwen, einen sanften Schmetterling, ein aufgeregtes Eichhörnchen oder eine verschmuste Katze entstehen. Jedes Tier kann für ein anderes Gefühl oder eine andere Stimmung stehen. Vielleicht möchtet ihr dem Löwen eine besonders prächtige Mähne malen, die seine Stärke zeigt, oder dem Schmetterling zarte, farbenfrohe Flügel, die seine Leichtigkeit betonen.

- **Die Gefühle-Pflanzen**

  Ein starker Baum, eine zarte Blume, ein wilder Strauch oder tanzende Gräser – welche Pflanze zeigt euer Gefühl? Stellt euch vor, wie eure Gefühle als Pflanzen wachsen würden. Jeder darf seine eigene Gefühlspflanze gestalten und ihr einen passenden Namen geben.

Ausklang

Schaut euch die Bilder nach dem Malen in Ruhe an, entdeckt Formen und findet Geschichten darin. Erzählt einander, was ihr gemalt habt, welche Gefühle im Bild stecken und was euch überrascht hat. Sucht einen schönen Platz für eure Kunstwerke, und wenn ihr Lust habt, könnt ihr eine kleine Galerie daraus machen.

Hinweis für die Erwachsenen

Das Malen hilft Kindern, ihre Gefühle auszudrücken, Emotionen zu verstehen, innere Bilder zu zeigen und ihre Kreativität zu entfalten. In der sechsten Rauhnacht geht es nur darum, seinen Gefühlen freien Lauf zu lassen. Dabei ist es ganz unwichtig, wie das Bild »aussieht« – bewertet die Bilder nicht, sondern lasst alle Gefühle zu und gebt den Kindern viel Zeit und Raum. Der Weg ist hier wichtiger als das Ziel.

Fantasiereise: Im Regenbogenland der Gefühle

(Mit ruhiger, warmer Stimme vorlesen. Pausen an den … einlegen)

Mache es dir gemütlich … Spüre, wie weich dein Kissen ist … Wie warm deine Decke … Atme tief ein und aus … Mit jedem Atemzug wirst du ruhiger …

Stell dir vor, ein sanfter Regenbogen erscheint vor dir … Seine Farben leuchten warm und einladend … Er wird zu einer schimmernden Brücke … die dich in ein besonderes Land trägt …

Während du über die Regenbogenbrücke gehst, spürst du die verschiedenen Farben unter deinen Füßen … Jede Farbe fühlt sich anders an … Jede Farbe erzählt dir etwas …

Du kommst ins Regenbogenland … Ein magischer Ort, wo Gefühle als Farben durch die Luft schweben … wie sanfte Seifenblasen tanzen sie um dich herum …

Da schwebt eine goldgelbe Blase zu dir … Sie ist warm wie Sonnenschein … Als sie dich sanft berührt, spürst du pure Freude … Erinnerst du dich an einen besonders fröhlichen Moment? … Lass die gelbe Freude durch deinen ganzen Körper strahlen ... durch deinen Rücken … durch deine Brust … und deinen Bauch …..

Ein hellblaues Wölkchen schwebt herbei … leicht wie eine Feder …

Es bringt Ruhe und Frieden … Wenn es dich berührt, wird alles ganz still und friedlich in dir … Genieße dieses ruhige Gefühl …

Eine rote Kugel tanzt um dich herum … Sie sprüht vor Energie … Berührt sie dich, spürst du Kraft und Mut in dir … Wie ein mutiger Löwe fühlst du dich stark und zuversichtlich …

Ein grüner Nebel umhüllt dich sanft … wie eine warme Umarmung … Er schenkt dir Geborgenheit und Vertrauen … Dein Herz wird ganz warm … Du fühlst dich sicher und beschützt …

Eine violette Spirale wirbelt heran … Sie trägt Zauber und Magie … Wenn sie dich streift, beginnt deine Fantasie zu tanzen … Wunderbare Ideen erwachen in dir …

Ein rosa Herz schwebt zu dir … Es pulsiert sanft … Seine Berührung lässt dich Liebe und Mitgefühl spüren … für dich selbst und für andere … Dein Herz öffnet sich weit …

Eine orange Flamme flackert vorbei … Sie ist voller Lebensfreude … Ihr Tanz steckt dich an … Du spürst, wie Begeisterung durch deinen Körper strömt …

In der Mitte des Regenbogenlandes steht ein besonderer Baum … Der Gefühle-Baum … Seine Blätter leuchten in allen Farben … Jedes Blatt ist ein Gefühl …

Setze dich unter den Baum … Schau, wie die farbigen Blätter sanft im Wind tanzen … Sie erzählen dir: Alle Gefühle sind wertvoll … Alle gehören zu dir … Wie die Farben des Regenbogens machen sie dein Leben bunt und reich …

Eine weise Eule sitzt in den Zweigen … »Gefühle kommen und gehen wie die Farben am Himmel«, sagt sie … »Manchmal scheint die Sonne, manchmal regnet es … aber nach jedem Regen kann ein neuer Regenbogen entstehen …«

Die Eule überreicht dir ein Geschenk … eine kleine Kristallkugel … »Wenn du hineinschaust«, flüstert sie, »siehst du alle Farben deiner Gefühle tanzen … Sie wird dich daran erinnern, dass deine Gefühle wie ein Regenbogen sind – vielfältig und wunderschön.«

Es wird Zeit, zurückzukehren … Die Regenbogenbrücke erscheint wieder … Du gehst langsam hinüber … Jede Farbe verabschiedet sich von dir … aber die Kristallkugel hältst du fest in deiner Hand …

Spüre, wie du wieder hier im Raum ankommst … Die Kristallkugel mit den tanzenden Gefühlsfarben ist nun in deinem Herzen … Du kannst sie jederzeit dort finden …

Bewege langsam deine Finger und Zehen … Räkle dich wie nach einem schönen Traum … Und wenn du bereit bist, öffne deine Augen …

Ausklang

- Bleibt noch einen Moment ruhig liegen.
- Spürt nach, welche Farben noch in euch nachklingen.
- Wer möchte, darf erzählen:
- Welche Farbe hat euch besonders berührt?
- Welches Gefühl tanzt noch in euch?
- Was hat euch der Gefühle-Baum erzählt?

Für kleine Künstler*innen

- Malt ein Bild vom Regenbogenland.
- Gestaltet eure eigene Gefühle-Kristallkugel.
- Bastelt einen Gefühle-Baum.
- Tanzt die verschiedenen Gefühlsfarben.

Der Regenbogentanz

In meiner Kindheit waren die Rauhnächte eine Zeit voller kleiner, geheimer Rituale. Meine Großmutter legte großen Wert darauf, dass jedes Kind sein eigenes magisches Ritual finden durfte. »Jeder Mensch hat seine eigene Art, mit dem Himmel zu sprechen«, sagte sie oft. Besonders der Regenbogentanz hat sich in mein Gedächtnis eingebrannt – wie wir mit bunten Tüchern durch die niedrige Stube wirbelten, bis sogar mein strenger Vater schmunzeln musste.

Was ihr braucht

- bunte (Seiden)-Tücher oder Bänder – blau, rot, gelb und grün
- leise Musik
- Kerzen
- Kompass

Legt in jede Himmelsrichtung ein Tuch in der passenden Farbe: Im Norden ein blaues für die Ruhe, im Süden ein rotes für die Freude, im Osten ein gelbes für alles Neue und im Westen ein grünes für das Vertrauen. Stellt neben jedes Tuch eine Lichtquelle. Am sichersten ist es, LED-Lampen zu verwenden. Falls ihr aber lieber Kerzen benutzt, dann stellt diese mit ausreichendem Sicherheitsabstand zu den Tüchern auf, um Brandgefahr zu vermeiden.

Nun beginnt eine sanfte Musik zu spielen.

Lasst die Kinder zuerst zu jeder Farbe gehen und dort einen Moment verweilen – was fühlen sie bei Blau, bei Rot, bei Gelb und bei Grün? Dann dürfen sie sich ein Tuch auswählen, das zu ihrer heutigen Stimmung passt. Vielleicht brauchen sie mehr Ruhe (Blau) oder möchten ihrer Freude Ausdruck verleihen (Rot)?

Der eigentliche Tanz beginnt langsam. Die Kinder bewegen sich frei im Raum, lassen die Tücher schweben und wirbeln. Sie können zwischen den Farben wechseln, wenn sie möchten.

Zum Abschluss kommen alle in der Mitte zusammen, halten ihre Tücher hoch und lassen sie sanft aufeinandertreffen – ein Regenbogen aus allen Gefühlen entsteht. Lasst die Kinder erzählen, welche Farbe ihnen heute am meisten gutgetan hat und warum.

Der Gefühle-Spiegel

Gestalte in der sechsten Rauhnacht einen besonderen Spiegel. Ein schöner, vielleicht älterer Spiegel kann mit kleinen Kerzen und farbigen Steinen umrahmt werden, um eine besondere Atmosphäre zu schaffen.

Lade dein Kind ein, in den Spiegel zu schauen und zu beschreiben, welche Farben es in seinen Augen entdecken kann. Viele Kinder sind überrascht, wenn sie im sanften Kerzenlicht plötzlich Farbnuancen sehen, die ihnen vorher nie aufgefallen sind.

Erkläre deinem Kind, dass unsere Augen wie Fenster zu unseren Gefühlen sein können. Wenn Kinder lernen, ihre eigenen Gefühle in ihren Augen zu lesen und zu deuten, entwickeln sie nach und nach auch ein besseres Verständnis für die Emotionen anderer Menschen.

Schließe die Übung dann mit einigen sanften Fragen ab:

- »Welche Farbe siehst du heute am stärksten in deinen Augen?«
- »Wie fühlt sich diese Farbe in deinem Körper an?«
- »Was erzählen dir deine Augen über dein Herz?«

Gib deinem Kind Zeit, die Antworten zu erspüren, ohne Druck. Es gibt kein Richtig oder Falsch. Und wenn ihm keine Antwort einfällt, ist das auch vollkommen in Ordnung.

Sternenhimmel aus Karton und Lichterkette

Als ich etwa neun Jahre alt war, schuf meine Großmutter mit uns einen Sternenhimmel für die niedrige Decke unserer Stube. »Die Sterne sind Fenster zum Himmel«, erklärte sie, während wir gemeinsam vorsichtig die Formen ausschnitten. Natürlich war unser selbst gebauter Sternenhimmel nicht perfekt – die Sterne hatten ungleichmäßige Formen und die Lichterkette war eine gebrauchte vom Krämerladen –, aber in meiner Erinnerung strahlte er heller als jeder echte Nachthimmel.

Was ihr braucht

- großer Karton (mindestens 50x70 cm)
- LED-Lichterkette (warmweiß)
- schwarze Acrylfarbe oder Tonpapier
- Sternenschablonen in verschiedenen Größen
- Bleistift und Lineal
- scharfes Bastelskalpell
- Schneideunterlage

Zusätzliches Material

- Klebeband
- Glitzerpapier
- blaue und silberne Farbe
- Washi-Tape
- Kleber
- optional: Glitzer zum Streuen

So wird's gemacht

- Schneidet den Karton sauber auseinander und auf die richtige Größe zu. Wenn nötig, könnt ihr ihn noch verstärken. Die Oberfläche wird schwarz grundiert oder mit schwarzem Papier beklebt. Lasst alles gut trocknen und macht eventuell eine zweite Schicht. Den Rand könnt ihr mit schönem Tape einfassen.

- Überlegt euch, wo die großen Sterne hinkommen sollen, und ergänzt dann die kleineren. Plant auch ein paar Sternschnuppen ein und achtet auf schöne Abstände. Markiert die Punkte für die Lichterkette passend zu den Sternengrößen und plant den Weg der Kette.
- Legt die Schablonen auf und zeichnet die Sterne sorgfältig nach. Mit dem Skalpell schneidet ihr sie vorsichtig aus und säubert die Kanten. Für die Lichter werden passende Löcher ausgeschnitten und geglättet.
- Die Sternenkanten könnt ihr vergolden, mit Glitzer bestreuen und kleine Details drum herum malen. Ein zarter Nebel macht den Himmel noch geheimnisvoller. Auf der Rückseite werden die Löcher verstärkt und die Lichterkette wird sorgfältig befestigt.

Die Lichterkette einbauen

- Beginnt mit dem ersten Licht und schiebt es vorsichtig durch. Fixiert es von hinten und macht weiter bis zum nächsten Punkt. Die Lichter werden in Position gebracht, mit Klebeband gesichert und die Kabel ordentlich verlegt.
- Für Sternschnuppen schneidet ihr längliche Schlitze, die ihr mit Glitzerpapier hinterlegt. Mit Transparentpapier, Pastellfarben und Glitzer könnt ihr wunderschöne Nebeleffekte und Galaxien zaubern.

Hängt den Sternenhimmel in Augenhöhe auf und achtet auf den richtigen Abstand zur Wand. Die Steckdose sollte gut erreichbar sein. Testet erst ohne Licht und schaltet dann die Lichter ein. Bei Bedarf könnt ihr noch nachjustieren.

Die kleinen Künstler*innen können größere und einfachere Sterne basteln und viel Glitzer verwenden. Die Großen gestalten vielleicht komplexe Sternbilder, fügen Planeten hinzu oder entwickeln eigene Muster.

Denkt beim Basteln an die Sicherheit: Verwendet nur LED-Lichter, achtet auf eine stabile Aufhängung und verlegt die Kabel sicher.

Der selbst gebaute Sternenhimmel wird zu einem magischen Ort, an dem wir unsere Gefühle wie Sterne leuchten lassen können. Er erinnert uns daran, dass auch dunkle Momente durch kleine Lichter erhellt werden können.

Rauhnacht-Rezept: Käsefondue mit Brotwürfeln und Gemüsesticks

Ein Käsefondue wärmt nicht nur den Körper, sondern auch die Seele. Das gemeinsame Eintauchen der Brotstücke symbolisiert unser Verbundensein miteinander – jeder nimmt Teil am Ganzen und doch hat jeder sein eigenes Stück.

Dieses einfache Rezept lädt zu einer sinnlichen Erfahrung ein, bei der wir schmecken, riechen und fühlen. Weiter unten findet ihr noch ein kleines Fondueritual, das die kulinarische Freude mit einem bedeutungsvollen Moment für die ganze Familie verbindet.

(FÜR 4–6 PERSONEN)

Zutaten

- 400 g Emmentaler
- 400 g Greyerzer
- 1 Knoblauchzehe
- 300 ml trockener Weißwein (alkoholfrei)
- 1 EL Speisestärke
- 1 Spritzer Zitronensaft
- 1 Prise Muskat
- Pfeffer aus der Mühle

Zum Dippen

- Verschiedene Brotsorten: Baguette, Vollkornbrot, Ciabatta
- buntes Gemüse: Karotten, Blumenkohl, Brokkoli, Kirschtomaten, Paprika, Champignons, Gurken
- Einen frischen Kräuterdip aus Joghurt mit Kräutern
- mediterranen Tomatendip mit Basilikum

Tipp

Für Kinder eignen sich mildere Käsesorten, mehr Gemüse und eine bunte, lustige Anrichtung.

Bei den Käsemischungen könnt ihr wählen zwischen:

- klassisch mit Emmentaler und Greyerzer
- mild mit Gouda und Butterkäse
- würzig mit Berg- und Raclettekäse

So wird's gemacht

- Reibt den Käse oder schneidet ihn in kleine Würfel, bestäubt ihn mit der Stärke und vermischt alles gut.
- Das Gemüse wird gründlich gewaschen und in mundgerechte Stücke geschnitten. Blumenkohl und Brokkoli kurz blanchieren, abtropfen und abkühlen lassen.
- Das Brot schneidet ihr in Würfel, die ihr eventuell leicht toasten und dann abgedeckt in einem Korb bereitstellen könnt.
- Reibt den Fonduetopf mit der Knoblauchzehe aus und erhitzt den alkoholfreien Wein darin. Nun gebt ihr nach und nach den Käse zu, lasst ihn langsam schmelzen und rührt alles glatt. Mit den Gewürzen abschmecken. Die Konsistenz sollte schön cremig sein – nicht zu dünn und nicht zu dick.

Darauf solltet ihr achten

- Bereitet alles gut vor, rührt das Fondue regelmäßig um und achtet auf die Temperatur. Reste könnt ihr abgedeckt im Kühlschrank aufbewahren und am nächsten Tag mit etwas Wein verdünnt wieder erwärmen.
- Denkt daran: Vorsicht heiß! Kinder beim Essen beaufsichtigen und rechtzeitig die Warmhalteplatte oder den Fonduebrenner ausschalten.
- Das gemeinsame Fondueessen ist wie eine warme Umarmung in der kalten Jahreszeit. Es lädt ein zum Verweilen, Erzählen und Genießen – perfekt für die sechste Rauhnacht, in der wir uns Zeit für unsere Gefühle nehmen.

Fondueritual

- Der Fonduetopf kommt in die Mitte, drum herum verteilt ihr die Gabeln, Dips und Teller. Die Brotwürfel werden im Korb serviert, das Gemüse auf Platten angerichtet und die Dips in kleine Schälchen gefüllt.
- Zu Beginn tauchen alle ihre Gabeln ein und probieren gemeinsam. Stoßt mit euren Gläsern an und wünscht euch einen guten Appetit! Beim Essen gibt es ein paar schöne Regeln: nicht hastig essen, aufeinander warten und sich Zeit zum Reden nehmen.
- Wer sein Brot im Käse verliert, muss ein Lied singen, eine Geschichte erzählen, eine lustige Aufgabe erfüllen oder einen Wunsch äußern.

Märchen: Peter und der Sternschnuppenwunsch

Peter lag in seinem Bett und konnte nicht schlafen. Draußen glitzerten die Sterne am klaren Winterhimmel und in seinem Bauch kribbelte es vor Aufregung. Morgen würde sein erster Tag im Schwimmkurs sein und er hatte solche Angst vor dem tiefen Wasser! Bei dem Gedanken wurde ihm ganz flau.

»Ich wünschte, ich wäre mutiger«, flüsterte er in die Dunkelheit. In dem Augenblick sah er eine Sternschnuppe. Und was für eine Sternschnuppe!

Sie leuchtete in allen Farben des Regenbogens und flog direkt auf seinen Balkon zu.

Peter sprang aus dem Bett und öffnete die Balkontür. Unglaublich! Dort auf dem Geländer saß die Sternschnuppe und glühte sanft in wechselnden Farben: mal mutig rot, mal fröhlich gelb, mal ruhig blau.

»Hallo, Peter«, sagte die Sternschnuppe mit einer Stimme, die klang wie feines Glöckchenklingen. »Ich habe deinen Wunsch gehört.«

»Kannst du mich denn wirklich mutiger machen?«, fragte Peter.

Die Sternschnuppe lächelte. »Weißt du«, sagte sie, »Mut ist eine Farbe in deinem Herzen. Manchmal leuchtet sie hell, manchmal ist sie etwas blasser. Aber sie ist immer da.«

»Ich sehe sie aber nicht«, sagte Peter leise. »Ich spüre nur, wie mein Herz ganz schnell klopft, wenn ich daran denke, ins tiefe Wasser zu gehen.«

»Dein schnelles Herzklopfen ist die rote Farbe der Aufregung«, erklärte die Sternschnuppe. »Und weißt du was? Aufregung und Mut sind zwei Farben, die zusammengehören. Zusammen ergeben sie nämlich etwas ganz Besonderes.«

Die Sternschnuppe begann zu leuchten und zeigte Peter ein wundersames Farbenspiel. »Siehst du? Jedes Gefühl hat seine eigene Farbe. Die Aufregung ist rot wie ein Sonnenaufgang. Die Freude ist gelb wie ein Sommertag. Die Ruhe ist blau wie ein stiller See.«

»Und welche Farbe hat der Mut?«, fragte Peter.

Peter schloss die Augen und legte seine Hand auf sein Herz. »Es … es fühlt sich golden an«, sagte er überrascht. »Wie ein warmes Leuchten.«

»Das ist dein Mut!«, strahlte die Sternschnuppe. »Manchmal versteckt er sich unter anderen Farben – unter der roten Aufregung oder der blauen Unsicherheit. Aber er verschwindet nie.«

Die Sternschnuppe begann, sanft um Peter herumzutanzen. Dabei malte sie mit ihrem Licht einen Kreis aus funkelnden Farben. »Weißt du, was das Besondere an Gefühlen ist? Sie sind wie ein Regenbogen – jede Farbe ist wichtig, jede Farbe ist wertvoll. Ohne Rot kein Gold, ohne Blau kein Grün.«

»Aber was ist, wenn morgen die rote Aufregung stärker ist als der goldene Mut?«

»Ach, die Aufregung will dir nur zeigen, wie wichtig dir etwas ist«, erklärte die Sternschnuppe. Sie schwebte auf Peter zu und berührte sanft sein Herz. Ein warmes Kribbeln breitete sich in seinem ganzen Körper aus. »Ich schenke dir einen Funken Sternenglanz«, sagte sie. »Wenn du morgen am Beckenrand stehst und dein Herz schnell klopft, dann erinnere dich an mich!«

Peter lächelte. Das schnelle Herzklopfen fühlte sich plötzlich gar nicht mehr so beängstigend an. Es war wie ein aufgeregtes Tanzen, das sich mit dem goldenen Leuchten des Mutes in seinem Herzen vermischte.

»Danke«, flüsterte er und die Sternschnuppe erhob sich wieder. Peter schaute ihr nach, wie sie zwischen den anderen Sternen immer kleiner wurde. Dann ging er zurück in sein Bett, die Hand auf seinem Herzen, wo der Sternenglanz warm pulsierte.

Am nächsten Tag, als er am Rand des Schwimmbeckens stand, spürte er wieder das schnelle Herzklopfen. Aber diesmal lächelte er, denn er konnte die Farben in seinem Herzen sehen – das aufgeregte Rot und das mutige Gold, die zusammen ein wunderschönes Leuchten ergaben. Und als er vorsichtig ins Wasser stieg, strahlte er so hell wie eine kleine Sternschnuppe.

Gesprächsimpulse für nach der Geschichte

- Welche Farben haben eure Gefühle?
- Was lässt euer Herz schneller klopfen?
- Wie fühlt sich euer Mut an?
- Welche Gefühlsfarben tanzen gerade in eurem Herzen?

7. Zaubernacht

Deine Wünsche haben Superkräfte

★ 31. Dezember

Mit der siebten Rauhnacht endet das Jahr. Diese Nacht markiert die Mitte der Rauhnächte und steht für den Monat Juli des kommenden Jahres – ein kraftvoller Zeitpunkt, um über unsere Wünsche nachzudenken.

Wünsche sind wie Bestellungen beim Universum. Wenn wir sie klar formulieren und mit Gefühl aussenden, setzen wir eine Energie in Bewegung, die zu ihrer Erfüllung beitragen kann. Doch nicht jeder Wunsch führt uns auf einen guten Weg. Darum ist es wichtig, zwischen hilfreichen Wünschen, die uns wachsen lassen, und hinderlichen Wünschen zu unterscheiden. Gerade für Kinder ist diese Unterscheidung nicht immer leicht. Wir Erwachsenen sollten sie dabei unterstützen, ihre wahren Herzenswünsche zu erkennen. Denn ein Wunsch entfaltet seine Superkräfte nur, wenn er aus dem Inneren kommt und im Einklang mit den eigenen Werten steht.

In diesem Kapitel findet ihr Spiele und Rituale für eure gemeinsame Wunschreise. Mit der Anleitung für ein Wunschtagebuch könnt ihr die magische Kraft der Wünsche über die Rauhnächte hinaus dokumentieren. So eröffnet die siebte Nacht den Weg in die bewusste Gestaltung der Zukunft.

Silvesterorakel

In unserer Kindheit im Allgäu war die siebte Rauhnacht – die Silvesternacht – etwas ganz Besonderes. Meine Großmutter bewahrte den ganzen Dezember über Bienenwachs zum Wachsgießen auf, das sie von unserem Nachbarn, der ein leidenschaftlicher Imker war, bekam. »Das Blei ist giftig und nichts für Kinderhände«, erklärte sie uns, »aber das Wachs trägt die Weisheit der Bienen in sich.«

Das braucht ihr

- Wachsformen aus Bienenwachs (als Alternative zum Bleigießen)
- große weiße Papierbögen
- Taschenlampe
- Spiegel
- bunte Stifte
- kleines Notizbuch

Los geht's

Legt mehrere Kissen in einem Kreis auf dem Boden aus, sodass alle bequem darauf sitzen können. Stellt eine Kerze in die Mitte des Kreises. Bereitet ausreichend Papier und verschiedenfarbige Stifte vor und legt sie griffbereit neben den Kreis.

Für das Wachsgießen benötigt ihr Bienenwachs, eine feuerfeste Schale zum Schmelzen und kaltes Wasser in einer größeren Schüssel. Erhitzt das Wachs vorsichtig, bis es flüssig ist. Jeder gießt dann der Reihe nach einen kleinen Schwall des flüssigen Wachses in das kalte Wasser. Beobachtet, wie das Wachs sofort erstarrt und dabei zufällige, einzigartige Formen bildet. Diese können Sternen, Herzen, Kreisen oder Spiralen ähneln – jede Form trägt ihre eigene Bedeutung.

Das Schattenspiel

Nehmt eine der Wachsformen und haltet sie zwischen eine Taschenlampe und eine weiße Wand oder einen aufgehängten hellen Stoff. Beobachtet gemeinsam die Schattenbilder, die entstehen. Was erkennt ihr in den Umrissen und Schatten? Teilt reihum eure Entdeckungen und die Geschichten, die diese Schattenformen in euch wachrufen.

Das Wunschzeichnen

Wählt anschließend eine Wachsform, die euch besonders anspricht, und legt sie auf euer Blatt Papier. Zeichnet mit den Stiften den Umriss der Form nach. Ausgehend von dieser Grundform lasst ihr eurer Kreativität freien Lauf und entwickelt ein persönliches Bild. Während des Zeichnens denkt an eure Wünsche und Hoffnungen für die Zukunft und lasst sie bewusst als Elemente in eure Bilder mit einfließen.

Was uns die Formen erzählen

- Ein Herz bedeutet, dass Liebe und Freundschaft im neuen Jahr wichtig sein werden.
- Ein Stern zeigt, dass du viel Glück haben wirst.
- Ein Engel sagt, dass jemand auf dich aufpasst und dich beschützt.
- Ein Ring oder eine Krone bedeutet, dass etwas Besonderes passieren könnte, vielleicht sogar eine Hochzeit!
- Ein Schiff steht für eine spannende Reise, die du machen wirst.

- Ein Baum zeigt, dass du im neuen Jahr stark und gesund sein wirst.
- Ein Tier könnte bedeuten, dass du ein neues Haustier bekommst oder viel mit Tieren zu tun haben wirst.
- Eine Münze oder ein Geldsack bedeutet, dass du Glück mit Geld haben wirst.
- Ein Schlüssel steht dafür, dass du ein Geheimnis lüften oder etwas Neues entdecken wirst.
- Eine Blume bedeutet, dass etwas Schönes in deinem Leben wachsen wird.
- Ein Kreis zeigt, dass dein Jahr rund und vollkommen sein wird, ohne Ecken und Kanten.
- Wolken sagen, dass deine Träume und Ideen hoch fliegen werden.
- Ein Haus zeigt, dass du dich (im neuen Jahr) geborgen fühlen wirst.

- Ein Dreieck bedeutet, dass du im neuen Jahr viel lernen und wachsen wirst.
- Ein Quadrat steht für Sicherheit und einen festen Platz, wo du dich wohlfühlen wirst.

Abschluss

Setzt euch zusammen im Kreis, legt die Formen in die Mitte und erzählt reihum, was ihr seht und euch wünscht.

Hängt eure Bilder auf, beschreibt die Formen, die ihr entdeckt habt, teilt eure Wünsche und spürt die Kraft, die in ihnen steckt.

Für die Erwachsenen

Das Formenraten zu Silvester zeigt uns, dass unsere Wünsche und Träume viele Gestalten annehmen können. Es lädt uns ein, mit offenen Augen und Herzen in das neue Jahr zu schauen und unseren Wünschen Flügel zu verleihen.

Lasst alle Deutungen zu. Bleibt offen, gebt der Fantasie Raum und nehmt die Wünsche eurer Kinder ernst.

Mit Wünschen arbeiten

Gerade in den Rauhnächten sind Wünsche wie kleine Zauberschätze in unserem Herzen, die uns zu tollen Abenteuern führen können. Mit diesen Tricks könnt ihr euren Wünschen helfen, wahr zu werden!

- **Morgens:** Fangt den Tag mit einem ruhigen Moment an. Schließt die Augen und fragt euch: »Was wünsche ich mir heute am meisten?« Merkt euch diesen Wunsch gut.
- **Tagsüber:** Haltet die Augen offen für kleine Hinweise, die mit eurem Wunsch zu tun haben könnten. Macht Dinge, die euch eurem Wunsch näher bringen, und seid gespannt auf Überraschungen!
- **Abends:** Denkt kurz an euren Tag zurück. Sagt »Danke« für alle kleinen Schritte in Richtung eures Wunsches. Flüstert euren Wunsch noch einmal in euer Kissen und träumt schön davon.

Dein eigenes Wunschtagebuch

In dein kleines Wunschtagebuch kannst du jeden Abend vor dem Schlafengehen einen Wunsch eintragen. Daneben darfst du auch notieren, welchen kleinen Schritt du morgen machen könntest, um deinem Traum ein Stückchen näher zu kommen.

Was ihr braucht

- ein schönes Notizbuch
- bunte Stifte und Marker
- inspirierendes Papier
- Aufkleber mit Sternen und positiven Symbolen
- Glitzersteine
- kleine Fotos von Zielen
- Muscheln, farbige Bänder, Glitzerstaub und/oder Perlen in Wunschfarben

Beziehe dein Buch mit einem Stoff oder Papier in deiner Glücksfarbe. Gestalte einen inspirierenden Titel, schreib deinen Namen darunter und schmücke das Buch mit Symbolen, die für deine Ziele stehen.

- **Die erste Seite:** Schreib deinen größten Herzenswunsch auf, notiere das heutige Datum als Startpunkt, male oder klebe ein Symbol dazu und umrande alles mit einem Kreis aus Sternen oder Herzen.
- **Die Wunschseiten:** Für jeden Wunsch brauchst du einen Rahmen: Beschreibe deinen Wunsch so genau wie möglich, notiere, warum er

dir wichtig ist, wie du dich fühlen wirst, wenn er in Erfüllung geht, und welche ersten Schritte du dafür tun kannst. Dann kannst du Bilder malen oder einkleben, die deinen Wunsch darstellen, positive Sätze oder Sprüche dazu aufschreiben und kleine Erfolge auf dem Weg dorthin festhalten. Mit Farben, Collagen und kleinen Symbolen kannst du deine Wunschbilder lebendig werden lassen.

Besondere Seiten:

- Die Dankbarkeitsseite ist für alles, was bereits in Erfüllung gegangen ist und wofür du dankbar bist.
- Auf der Kraftseite sammelst du positive Eigenschaften, Talente und Helfer, die dir helfen, deine Wünsche zu verwirklichen.
- Die Zauberseite ist für überraschende Wunscherfüllungen, glückliche Zufälle und unerwartete Geschenke des Lebens.

Hinweis für die Erwachsenen

Unterstützt die Kinder dabei, realistische Wünsche zu formulieren. Helft ihnen, zwischen materiellen Wünschen und Herzenswünschen zu unterscheiden. Zeigt Interesse an ihren Visionen und feiert gemeinsam kleine Erfolge.

Das Wunschtagebuch ist wie ein magischer Kompass, der dabei hilft, seine Ziele klar zu sehen und den Weg dorthin zu finden. Es wird mit der Zeit zu einem Schatz voller Erkenntnisse über die eigenen Wünsche und die Kraft der Gedanken.

Ein Jahreszeitenrad malen

»Das Rad des Jahres dreht sich immer weiter, auch wenn wir manchmal glauben, die Zeit stehe still«, erklärte mir meine Großmutter, als wir in der siebten Rauhnacht unser erstes Jahreszeitenrad malten.

Jede Jahreszeit hat ihre eigene Magie: Der Winter bringt Stille, der Frühling Erwachen, der Sommer Fülle und der Herbst Wandlung. Dein Jahreszeitenrad ist wie ein lebendiger Kalender, der dich durchs Jahr begleitet und dir hilft, die Schönheit jeder Zeit zu spüren und zu feiern.

Das braucht ihr

- großer runder Karton (mind. 50 cm Durchmesser)
- Acrylfarben in Naturfarben
- verschiedene Pinsel
- Bleistift und Radiergummi
- Zirkel oder großer Teller zum Kreiszeichnen
- Lineal
- Schere
- Kleber

Zusatzmaterial

- Glitzersterne
- Naturmaterialien
- Washi-Tape
- goldene und silberne Stifte
- Glitzer
- Band zum Aufhängen

Los geht's

Zeichne einen großen Kreis und teile ihn in vier gleiche Teile – einen Abschnitt für jede Jahreszeit. Am Rand sollte ein Ring für besondere Einträge frei bleiben. Der Karton wird grundiert und nach dem Trocknen bekommt er noch eine zweite Schicht.

Die vier Jahreszeiten

- Der Winter wird in Weiß, Blau und Silber gemalt, mit Schneeflocken, Eiskristallen, Wintervögeln und Sternen.
- Der Frühling bekommt helles Grün, Rosa und Gelb, dazu Knospen, Schmetterlinge, Blüten und Regentropfen.
- Den Sommer malst du in sattem Grün, Blau und Gold, mit strahlender Sonne, bunten Blumen, reifen Früchten und Schmetterlingen.
- Der Herbst leuchtet in Rot, Orange und Braun, geschmückt mit bunten Blättern, Pilzen, Kastanien und Windspiralen.

Lass die Farben sanft ineinander übergehen: Von der Winterstimmung zu den ersten Frühlingsboten, vom Frühlingserwachen zur Sommerzeit, von den Sommerfreuden zur Erntezeit und von den Herbstfarben zurück zum Winter.

In die Mitte kommen Sonne und Mond, Sterne oder dein eigenes Symbol. Der Außenring nimmt die Monatsnamen und, wenn du magst, auch besondere Tage, Feste und Mondphasen auf. Du kannst außerdem gepresste Blätter, kleine Federn und getrocknete Blüten aufkleben, Glitzersterne und Perlen verteilen und goldene Akzente setzen.

Als Wandschmuck bringt ein Jahreszeitenrad die Jahreszeiten in dein Zimmer. Als Kalender zeigt es dir wichtige Tage und Feste. Und als Ritualrad kannst du es täglich drehen und besondere Momente feiern.

Fantasiereise: Flug auf den Wunschstern

(Mit ruhiger, sanfter Stimme vorlesen. Pausen an den … einlegen)

Mache es dir ganz bequem … Spüre, wie weich deine Unterlage ist … Wie warm deine Decke … Atme tief ein und aus … Mit jedem Atemzug wirst du ruhiger …

Stell dir vor, ein sanftes goldenes Licht umhüllt dich … Es fühlt sich warm und leicht an … wie eine schützende Wolke … Du spürst, wie du ganz sachte zu schweben beginnst …

Das goldene Licht trägt dich höher und höher … durch dein Fenster … hinaus in die sternenklare Nacht … Die kalte Winterluft streichelt sanft dein Gesicht … aber das goldene Licht hält dich warm …

Über dir funkeln tausend Sterne wie Diamanten … Einer von ihnen leuchtet besonders hell … Er zwinkert dir zu und du weißt: Das ist dein Wunschstern … Er ruft dich zu sich …

Du schwebst höher und höher … vorbei an silbernen Wolken … die wie Zuckerwatte aussehen … Der Mond lächelt dir freundlich zu … und dein Wunschstern kommt immer näher …

Mit jedem Atemzug rückst du weiter heran und erkennst … Dein Wunschstern ist ein wundersamer Ort … Er hat Täler aus Sternenstaub … Berge aus Kristall … und Wälder aus leuchtenden Bäumen …

Sanft landest du in einem Garten aus Licht … Hier wachsen Blumen aus funkelnden Sternen … Ihre Blüten leuchten in allen Farben des Regenbogens … und ihr Duft erinnert dich an deine schönsten Träume …

In der Mitte des Gartens steht ein besonderer Baum … Der Wunschbaum … Seine Blätter sind aus goldenem Licht … In seiner Krone funkeln kleine Sterne … Jeder Stern ist ein Wunsch, der wahr werden möchte …

Eine sanfte Stimme begrüßt dich … Es ist die Stimme deines Wunschsterns … »Willkommen«, sagt sie warm. »Ich habe auf dich gewartet. Welchen Wunsch trägst du in deinem Herzen?« …

Schließe deine Augen und spüre in dich hinein … Was ist dein größter Wunsch? … Was möchtest du erschaffen? … Was möchtest du erleben? … Lass dir Zeit, deinen Wunsch zu finden …

Wenn du deinen Wunsch gefunden hast … siehst du, wie sich ein neuer Stern in der Krone des Wunschbaums bildet … Er leuchtet in deiner Lieblingsfarbe … und pulsiert im Rhythmus deines Herzens …

Der Wunschstern spricht wieder: »Dein Wunsch hat eine besondere Kraft … Er ist wie ein Samenkorn, das in deinem Herzen wächst … Und weißt du was? Du hast alle Superkräfte, die du brauchst, um ihn wahr werden zu lassen.« …

Eine Sternschnuppe gleitet vom Wunschbaum herab … Sie landet sanft in deiner Hand … »Dies ist dein Wunschsternkristall«, erklärt die Stimme. »Er wird dich daran erinnern, dass deine Wünsche Zauberkräfte haben.« …

Der Kristall beginnt warm zu glühen … Seine Kraft fließt durch deinen ganzen Körper … Du fühlst dich stark und mutig … voller Vertrauen und Zuversicht …

Es wird Zeit, zurückzukehren … Der goldene Lichtmantel legt sich wieder um dich … trägt dich sanft zurück zur Erde … durch die Sternenstraßen … vorbei am lächelnden Mond …

Du schwebst durch dein Fenster … Landest weich auf deinem Kissen … Der Wunschsternkristall ist nun in deinem Herzen … Seine Kraft wird dich begleiten … Bei jedem Schritt auf dem Weg zu deinem Wunsch …

Spüre noch einmal deinen Atem … dein Herz … die Kraft deines Wunsches … Wenn du bereit bist, öffne langsam deine Augen … Und bring den Zauber des Wunschsterns mit in deinen Tag …

Ausklang

- Bleibt noch einen Moment ruhig liegen.
- Spürt der Kraft eures Wunsches nach.
- Wer möchte, darf erzählen:
- Wie sah euer Wunschstern aus?
- Welche Farbe hatte euer Kristall?
- Welche Superkräfte habt ihr entdeckt?

Für kleine Künstler*innen

- Malt ein Bild von eurem Wunschstern.
- Bastelt einen Wunschsternkristall.
- Schreibt eine Geschichte über euren Wunsch.
- Gestaltet eine Wunschsternkarte.

Rauhnacht-Rezept: Bunte Wintergemüse-Quiche

In den stillen Wintertagen besinnen wir uns auf das, was wirklich guttut – kräftigendes Saisongemüse in einer wärmenden Quiche.

(FÜR 6 PERSONEN)

Zutaten

- 250 g Mehl
- 125 g kalte Butter
- 1 Ei
- 1 Prise Salz
- 2–3 EL kaltes Wasser

Für die Füllung

- 1 Kürbis (etwa 400 g)
- 2 Pastinaken
- 2 Karotten
- 1 rote Bete
- 1 rote Zwiebel
- 2 Knoblauchzehen
- frische Kräuter (Thymian, Rosmarin)
- 2 EL Olivenöl
- Salz und Pfeffer

Für den Guss

- 3 Eier
- 200 ml Sahne
- 100 ml Milch
- 150 g geriebener Käse
- Muskat, Salz, Pfeffer

So wird's gemacht

- Siebt das Mehl in eine Schüssel und gebt die kalte Butter in Stücken dazu. Verarbeitet alles mit den Fingern zu Krümeln. Knetet das Ei und Salz unter und gebt nach Bedarf etwas kaltes Wasser dazu. Formt eine Kugel und lasst sie 30 Minuten im Kühlschrank ruhen.
- Würfelt den Kürbis, schält die Pastinaken und Karotten und schneidet sie in Stifte. Die rote Bete kommt in dünne Scheiben, die Zwiebel in Ringe und der Knoblauch wird fein gehackt.
- Heizt den Ofen auf 200 °C vor. Verteilt das Gemüse auf einem Blech, mischt es mit Öl und Kräutern und röstet es etwa 20 Minuten. Dann abkühlen lassen.
- Fettet eine Quicheform (28 cm) ein. Rollt den Teig aus, legt ihn in die Form, zieht den Rand hoch und stecht ihn mit einer Gabel ein. Nach 15 Minuten Kühlzeit wird er 10 Minuten vorgebacken.
- Verquirlt für den Guss die Eier mit Sahne und Milch, rührt den Käse ein und würzt alles gut.
- Verteilt das geröstete Gemüse auf dem vorgebackenen Boden, gießt den Guss darüber und streut noch etwas Käse darauf.
- Bei 180 °C backt die Quiche etwa 35–40 Minuten, bis sie goldbraun ist.

Variationen

- Für Kinder nehmt ihr mehr Karotten, weniger Gewürze und im Zweifelsfall lieber keinen Knoblauch und extra Käse.
- Die mediterrane Version bekommt mehr Gemüsesorten, Kräuterseitlinge, Ziegenkäse und Pinienkerne.

- Besonders winterlich wird's mit Rosenkohl, Maronen, Lauch und Walnüssen.

Lasst die Quiche kurz ruhen, schneidet sie in Stücke und garniert sie mit frischen Kräutern. Dazu passen grüner Salat, geröstete Kürbiskerne und ein frischer Joghurtdip.

Darauf solltet ihr achten

Verarbeitet den Teig schön kühl und knetet ihn nicht zu lange. Das Gemüse sollte gleichmäßig geschnitten und nicht zu weich geröstet sein. Für den Guss nehmt ihr zimmerwarme Eier und verschlagt sie gut.

Die bunte Wintergemüse-Quiche ist wie ein essbares Kunstwerk, das die Farben und Aromen des Winters auf den Teller bringt. Sie wärmt Körper und Seele und erinnert uns daran, dass auch die kalte Jahreszeit voller Geschenke ist.

Märchen: Das verschwundene Winterlied

Es war der letzte Tag des Jahres und Emma saß am Fenster und schaute in den grauen Himmel. Keine einzige Schneeflocke war zu sehen und der Wind, der durch die kahlen Äste strich, klang seltsam tonlos.

»Großmutter«, fragte Emma, »warum schneit es dieses Jahr nicht?«

Großmutter legte ihr Strickzeug beiseite und setzte sich zu Emma ans Fenster. »Weißt du«, sagte sie nachdenklich, »ich glaube, der Winter hat sein Lied verloren.«

»Sein Lied?« Emma schaute ihre Großmutter verwundert an.

»Ja, das Winterlied. Die uralte Melodie, die der Winter braucht, um Schneeflocken tanzen zu lassen. Aber dieses Jahr ist sie verschwunden.«

Emma dachte nach. »Können wir sie nicht suchen?«, fragte sie.

Großmutter lächelte geheimnisvoll. »Vielleicht kannst du sie ja finden. Du kannst Melodien in deinem Herzen hören. Du musst nur ganz still werden und genau darauf achten.«

Emma schloss die Augen und lauschte. Tatsächlich, da war etwas … ein leises Klingen wie von einem fernen Glöckchen. »Ich glaube, ich höre etwas!«, flüsterte sie aufgeregt.

»Dann folge dem Klang«, sagte Großmutter sanft. »Aber zieh dich warm an – die Suche nach einem verlorenen Lied kann eine lange Reise sein.«

Emma zog ihren dicksten Mantel an, wickelte sich in ihren Lieblingsschal und setzte ihre Mütze auf. Das Klingen in ihrem Herzen wurde deutlicher, als sie in den Garten trat. Der Wind begrüßte sie mit einem traurigen Seufzen. »Du suchst das Winterlied?«, fragte er. »Ich vermisse es so sehr. Ohne die Melodie weiß ich nicht, wie ich die Schneeflocken zum Tanzen bringen soll.«

»Ich werde es finden«, versprach Emma. »Kannst du mir den Weg zeigen?«

Der Wind wirbelte ein paar welke Blätter in die Luft. »Folge den Tieren des Winters. Sie kennen alle eine Strophe des Liedes.«

Emma machte sich auf den Weg in den Wald hinter dem Haus. Dort traf sie zuerst ein Rotkehlchen, das auf einem kahlen Ast saß. Als es Emma

sah, begann es eine zarte Melodie zu zwitschern. »Das ist die erste Strophe des Winterliedes!«, piepste das Rotkehlchen. »Sie erzählt vom sanften Fall der ersten Schneeflocken.«

Emma prägte sich die Melodie gut ein und ging weiter. Als Nächstes begegnete sie einem Eichhörnchen, das auf einer Tanne saß. Es klopfte einen rhythmischen Takt mit einem Tannenzapfen. »Das ist die zweite Strophe«, erklärte das Eichhörnchen. »Sie erzählt vom Knistern des Frostes in den Zweigen.«

Im Herzen trug Emma nun schon zwei Teile des Liedes. Der Wind führte sie zu einer alten Eiche, in deren Höhle eine weise Eule wohnte. Die Eule sang mit tiefer Stimme die dritte Strophe. »Sie erzählt von der Stille der Winternacht«, sagte die Eule feierlich. »Aber die wichtigste Strophe fehlt noch – der Refrain, der alles zusammenhält.«

»Wo finde ich den Refrain?«, fragte Emma.

»Der Refrain ist dort, wo dein Herz am lautesten singt«, antwortete die Eule.

Emma dachte nach. Wo sang ihr Herz am lautesten? Natürlich – zu Hause, bei Großmutter am warmen Ofen! Als sie ins Haus trat, sah sie Großmutter am Fenster sitzen und leise summen. Die Melodie, die sie summte, passte genau zu den drei Strophen, die Emma gesammelt hatte.

»Großmutter!«, rief Emma aufgeregt. »Du kennst den Refrain!«

»Natürlich«, lächelte Großmutter. »Der Refrain erzählt von der Wärme im Herzen, die den Winter erst richtig schön macht.«

Emma setzte sich zu ihrer Großmutter und gemeinsam begannen sie das vollständige Winterlied zu singen. Die Melodie des Rotkehlchens, der Rhythmus des Eichhörnchens, der tiefe Gesang der Eule und Großmutters warmer Refrain verwoben sich zu einer wunderschönen Musik.

Und draußen, ganz langsam und zart, begann es zu schneien. Der Wind griff die Melodie auf und trug sie durch die Luft und die Schneeflocken begannen im Takt des wiedergewonnenen Winterliedes zu tanzen.

Gesprächsimpulse für nach der Geschichte

- Welche Melodie hat der Winter für euch?
- Was macht für euch den perfekten Wintertag aus?
- Wo singt euer Herz am lautesten?
- Welche Wünsche tragt ihr in eurem Herzen?

8. Zaubernacht

In die Zukunft schauen

★ 1. Januar

Die achte Rauhnacht trägt seit alters her den Ruf, ein besonderes Fenster zur Welt der Zeichen und Botschaften zu sein. Während die Welt draußen still unter der Winterdecke ruht, öffnen sich in dieser besonderen Nacht die Tore zu den feinen Schwingungen, die uns umgeben, ein wenig weiter als sonst.

Meine Großmutter verstand diese Zeit als besondere Gelegenheit für Weissagungen. »Die Natur spricht immer zu uns«, erklärte sie, während sie uns Kindern zeigte, wie man eine Münze in einen mit Schnee gefüllten Eimer wirft und aus den entstehenden Mustern liest.

Die meisten Kinder haben noch einen ganz unverstellten Zugang zu ihrem intuitiven Wissen. Sie nehmen Dinge wahr, die wir Erwachsenen oft übersehen, und ziehen ihre eigenen Schlüsse. Orakel sind hilfreich, um ihre Intuition und ein Gespür für die kleinen Wunder des Alltags zu fördern.

In diesem Kapitel findet ihr einige Anleitungen, um gemeinsam mit euren Kindern in die Welt der Zeichen einzutauchen und eure Wahrnehmung zu schärfen.

Was ihr über Orakel wissen solltet

Ein Orakel ist wie ein magischer Spiegel, der uns hilft, Entscheidungen zu treffen, Antworten zu finden, neue Wege zu erkennen und spannende Möglichkeiten zu entdecken. Es dient als Schlüssel zu unserem Inneren, wobei alle Antworten, die wir suchen, bereits in uns selbst liegen.

Orakel können als spannendes Spiel betrachtet werden, das uns ermutigt, auf unsere innere Stimme zu hören und selbstbewusst unseren eigenen Weg zu gehen. Erklärt den Kindern dieses Konzept möglichst kindgerecht und spielerisch und begleitet sie positiv auf ihrer Entdeckungsreise.

Die Orakelsprache

Wir können die Kraft der Orakel nur dann wirklich nutzen, wenn wir lernen, ihre Sprache zu verstehen. Die Orakelsprache meiner Großmutter war eine Übung in Achtsamkeit. »Wenn du wirklich erkennen willst«, sagte sie, »dann musst du mit den Augen des Herzens schauen.«

In der achten Rauhnacht führte sie uns zum gefrorenen Dorfweiher, wo der Mond sich im Eis spiegelte. Als ich ein besonders helles Funkeln entdeckte, sagte sie: »Siehst du, Valentin, wie der Stern dich anstrahlt? Er erinnert dich daran, dass auch du ein Licht in dir trägst.« Diese einfache Deutung berührte mich tief, denn als stilles, zurückgezogenes Kind fühlte ich mich oft übersehen. Die Fähigkeit, in Alltäglichem tiefere Bedeutungen zu erkennen, wurde zu einem Kompass für viele Entscheidungen meines Lebens.

Damit Orakel funktionieren

Das Geheimnis eines wahren Orakels liegt nicht im Ergebnis, sondern im Moment der Stille davor. Bevor wir ein Orakel befragen, müssen wir unser Herz beruhigen und den Kopf leeren. Ein Orakel ist wie das Öffnen eines Fensters in eine Welt, die normalerweise verborgen bleibt. Aber dieses Fenster öffnet sich nur, wenn wir wirklich bereit sind hindurchzuschauen.

Hier sind einige hilfreiche Hinweise für eure Kinder:

- *Die richtige Frage stellen:* Wenn du ein Orakel befragst, ist es wichtig, deine Frage ganz einfach zu sagen. Denk an etwas Schönes und frage klar und deutlich. Wie wenn du mit einem guten Freund sprichst! Stelle einfache Fragen, die nicht mit »Ja« oder »Nein« beantwortet werden können.
- *Den richtigen Moment wählen:* Suche dir eine Zeit aus, wo du ganz ruhig bist und nicht gestört wirst. Mach es dir gemütlich und atme tief ein und aus. Wenn du aufgeregt oder wütend bist, warte lieber, bis du dich wieder besser fühlst. Ein Orakel funktioniert am besten, wenn du entspannt und glücklich bist.
- *Besondere Zeiten nutzen:* Es gibt Zeiten, die wie verzaubert sind! Wenn die Sonne aufgeht oder wenn der Mond ganz rund am Himmel steht. Hast du schon mal eine Sternschnuppe gesehen oder einen Regenbogen? Das sind perfekte Momente, um ein Orakel zu fragen, was die Zukunft bringt.
- *Magische Orte aufsuchen:* In der Natur gibt es viele Zauberplätzchen! Große, alte Bäume haben schon so viel erlebt und sind sehr weise. Auch ein plätschernder Bach, eine stille Wiese im Wald oder ein besonderer

Stein können magisch sein. An solchen Orten kannst du ganz leise sein und lauschen – manchmal wirst du dann das Gefühl haben, dass die Natur dir etwas erzählen will…

- *Zu Hause einen besonderen Platz schaffen:* Du brauchst aber gar nicht weit zu gehen, um einen Zauberplatz zu finden. Auch in deinem Zimmer kannst du einen gemütlichen Ort einrichten. Vielleicht am Fenster, wo du den Himmel sehen kannst? Oder in deiner Kuschelecke mit deinem Lieblingskissen? Du kannst auch eine schöne Kerze anzünden (natürlich nur, wenn ein Erwachsener dabei ist!). An diesem besonderen Platz kannst du in Ruhe nachdenken und auf dein Herz hören.

Ein kleines Orakelritual

Gestalte dir einen schönen Platz, mach es dir gemütlich, komm zur Ruhe, und wenn ein Erwachsener dabei ist, dann zünde eine Kerze an. Überlege dir deine Frage gut. Was möchtest du gerne wissen? Was soll das Orakel dir über die Zukunft erzählen?

Atme dreimal tief durch, stelle deine Frage und schau, welche Zeichen dir begegnen, wenn du in die Kerze schaust. In der Antwort findest du oft einen Hinweis. Vertraue deiner ersten Eingebung und deinem Gefühl, lass dir Zeit und schreib auf, was du erfährst.

Zum Schluss sage Danke, schreib dir auf, was du erkannt hast, lass es noch ein bisschen nachwirken und überlege, was du damit tun möchtest.

Das Blumenorakel

Das Blumenorakel war eines der ersten, die meine Großmutter uns Kindern beibrachte, und es begleitete uns den ganzen Sommer hindurch. »Zupfe nicht an den Blumen, wenn du sie nicht wirklich befragen möchtest«, ermahnte sie mich liebevoll, als ich einmal achtlos Gänseblümchen zer-

pflückte. »Jede Blume ist ein kleines Wunder, und wenn du sie um Rat fragst, solltest du auch bereit sein, die Antwort zu hören.« In der achten Rauhnacht, wenn draußen alles unter Schnee lag, holte sie getrocknete Sommerblumen hervor und zeigte uns, wie man mithilfe ihrer Blätter und Stängel die kommenden Monate deuten konnte.

Das Blumenorakel ist besonders schön für Kinder und einfach anzuwenden: Suche dir eine Blume mit vielen Blütenblättern, wie ein Gänseblümchen oder eine Margerite. Denke an eine Frage, die du auf dem Herzen hast und die mit »Ja« oder »Nein« beantwortet werden kann. Beginne dann, die Blütenblätter eines nach dem anderen abzuzupfen. Bei jedem Blütenblatt sagst du abwechselnd »Ja« – »Nein« – »Ja« – »Nein« … Das letzte Blütenblatt gibt dir die Antwort.

Das Farbwürfel-Orakel

Das folgende Orakel habe ich in einer befreundeten Familie kennengelernt. Dort gab es einen selbst gemachten Holzwürfel mit sechs verschiedenen Farben. Die Kinder durften ihn in die Hand nehmen, eine Frage stellen und dann würfeln. Die Farben, die oben lagen, gaben Hinweise. Hier ist eine einfache Variante:

Für dieses magische Orakel brauchst du einen Würfel und ein bisschen Fantasie. Zuerst ordnen wir jeder Zahl auf dem Würfel eine Farbe zu:
1 = Rot (die Farbe der Energie und des Mutes)
2 = Blau (die Farbe der Ruhe und Weisheit)
3 = Grün (die Farbe der Natur und des Wachstums)
4 = Gelb (die Farbe der Sonne und der Freude)
5 = Lila (die Farbe der Magie und Träume)
6 = Orange (die Farbe der Freundschaft und Kreativität)

Los geht's

- Suche dir einen ruhigen, gemütlichen Ort. Halte den Würfel in deinen Händen und schließe kurz die Augen.
- Denke jetzt an deine Frage. Sie sollte klar sein, aber nicht bloß mit »Ja« oder »Nein« beantwortet werden können. Und es sollte eine Frage sein, die dir wirklich wichtig ist.

- Atme dreimal ganz tief ein und aus. Öffne dann wieder die Augen, stelle deine Frage laut und wirf den Würfel.

Die Farbe, die zur gewürfelten Zahl gehört, gibt dir einen Hinweis auf deine Antwort. Das bedeuten die Farben:
Rot (1): Wenn du Rot würfelst, bedeutet das Mut und Handlung! Die Antwort auf deine Frage liegt im Tun. Sei mutig und probiere etwas Neues aus. Rot sagt: »Warte nicht länger, leg einfach los!«
Blau (2): Blau steht für Nachdenken und Geduld. Die Antwort auf deine Frage braucht noch Zeit. Überlege in Ruhe und höre auf deine innere Stimme. Blau sagt: »Die Lösung kommt schon noch, du musst nur ruhig bleiben.«
Grün (3): Grün bedeutet Wachstum und Natur. Die Antwort findest du draußen oder wenn du mit anderen zusammen bist. Grün sagt: »Geh nach draußen, sprich mit Freunden oder deiner Familie.«
Gelb (4): Gelb steht für Freude und Licht. Die Antwort ist positiv und macht dich glücklich! Gelb sagt: »Alles wird gut, lächle und sei fröhlich!«
Lila (5): Lila ist die Farbe der Fantasie und Träume. Die Antwort verbirgt sich in deiner Vorstellungskraft. Lila sagt: »Glaube an Wunder, dann können sie wahr werden!«
Orange (6): Orange bedeutet Freundschaft und Kreativität. Die Antwort liegt im gemeinsamen Basteln, Spielen oder Erfinden. Orange sagt: »Zusammen mit Freunden findest du den Weg!«

Achte auch darauf, wie der Würfel fällt:

- Rollt er weit weg? Dann musst du für die Antwort vielleicht auch weiter suchen.
- Dreht er sich lange? Dann braucht die Antwort wahrscheinlich noch Zeit.
- Fällt er sofort auf eine Farbe? Dann ist die Antwort meist klar und eindeutig.

Notiere dir deine Frage und die gewürfelte Farbe in einem kleinen Buch. So kannst du später schauen, ob das Orakel richtiglag! Und denk daran: Das Würfelorakel gibt dir Hinweise, aber du entscheidest selbst, was du daraus machst. Die wahre Magie liegt in deinem Herzen!

Das knisternde Feuerorakel

Das Feuerorakel ist ein uraltes Ritual, das uns hilft, Entscheidungen zu treffen und unseren Weg zu finden. Es erinnert uns daran, dass wir die Kraft haben, unser Leben zu gestalten und unserem inneren Kompass zu folgen.

Die Sprache des Feuers war für meine Großmutter wie ein offenes Buch, in dem sie mit erstaunlicher Klarheit lesen konnte. »Feuer ist älter als alle

Worte«, erklärte sie mir in einer besonders kalten Rauhnacht, als wir gemeinsam vor dem Kamin saßen und die tanzenden Flammen beobachteten. »Es spricht eine Sprache, die unsere Vorfahren verstanden, lange bevor es Bücher gab.«

Das Feuerorakel war in meiner Kindheit ein besonders feierliches Ereignis, das nur in der achten Rauhnacht unter strenger Aufsicht meiner Großmutter stattfinden durfte. In unserem großen Kachelofen, der das Herzstück unserer Bauernstube bildete, entfachte sie ein besonderes Feuer aus sorgfältig ausgewählten Hölzern verschiedener Obstbäume.

Wir Kinder durften kleine Zweige vom Weihnachtsbaum hineinwerfen und dabei einen stillen Wunsch äußern. Das Knistern, die aufsteigenden Funken, die Form der Flammen – alles wurde zu Zeichen, die sie für uns deutete.

Worauf ihr achten solltet

Dies ist eine Anleitung für Erwachsene! Kinder dürfen nur unter Aufsicht teilnehmen.

- Verwendet nur natürliche Materialien, sorgt für gute Belüftung und geht respektvoll mit dem Feuer um. Nehmt euch Zeit zum Nachspüren.
- Entzündet das Feuer ausschließlich im Kamin oder in einer feuerfesten Schale.
- Haltet immer einen Feuerlöscher in Reichweite bereit.
- Wahrt stets einen angemessenen Sicherheitsabstand zum Feuer.
- Lasst das Feuer niemals unbeaufsichtigt brennen.

Material

Für das Feuer

- trockenes Holz
- Anmachholz oder Reisig
- Zeitungspapier
- Streichhölzer
- feuerfeste Unterlage

Für das Orakel

- Lorbeerblätter
- kleine Zettel
- Bleistift
- Schale für Asche
- Wassereimer

Los geht's

- Lüftet den Raum gut durch und richtet gemütliche Sitzplätze ein. Markiert den Sicherheitsbereich und dimmt das Licht. Legt Kissen und Decken bereit und spielt leise Musik.
- Schichtet das Holz pyramidenförmig, legt Papier unten und Anmachholz dazwischen. Entzündet alles vorsichtig.
- Kinder dürfen die Flammen beobachten, Geschichten erzählen, Bilder erkennen und sich etwas wünschen. Die Erwachsenen kümmern sich um das Feuer, achten auf die Sicherheit und leiten das Ritual.

Die Botschaft des Feuers

Schaut ins Feuer, erkennt Bilder in den Flammen, deutet die Formen und lasst eine Geschichte entstehen.

- Hohe Flammen bedeuten viel Energie – wie wenn du aufgeregt bist oder voller Begeisterung für ein neues Abenteuer.
- Kleine Flämmchen zeigen Ruhe – wie eine Kuschelzeit.
- Tanzende Flammen sagen: »Beweg dich!«
- Stille Flammen laden zum Träumen ein.
- Das Knistern im Feuer erzählt dir Geschichten: Wenn es knackt, heißt

das, das bald etwas Neues kommt! Ein Zischen ist ein kleines Warnsignal und Summen bringt Ruhe, wie ein Schlaflied.

- Die Funken haben auch viel zu sagen: Wenn sie nach oben steigen, bedeutet das, dass du wächst! Funken, die zur Seite fliegen, weisen auf neue Wege hin! Im Kreis tanzende Funken kündigen Abenteuer an! Sprühende Funken bringen Freude und Spaß!
- Die Farben sind geheime Botschaften: Rotes Feuer steht für starke Gefühle. Gelbe Flammen zeigen klare Gedanken an. Blaues Flackern ermutigt dich, deinem Bauchgefühl zu vertrauen. Grüne Schimmer versprechen Heilung und Neubeginn.
- Am Ende bleibt die Asche: Weiße Asche bedeutet einen Neuanfang. Dunkle Asche verbirgt noch unentdeckte Geheimnisse.

Was erzählt dir dein Feuer heute?

Rauhnacht-Rezept: Riesige Glücksbrezel

Die Glücksbrezel in der achten Rauhnacht war ein Ritual, auf das wir Kinder uns das ganze Jahr freuten. Meine Großmutter hat uns eingeprägt, dass Brot nicht nur Nahrung, sondern ein Segen ist, den wir mit unseren Händen formen. Jedes Kind durfte beim Kneten helfen und einen

Wunsch in den Teig flüstern. Die fertige Brezel war wirklich riesig und wir warteten ungeduldig, bis sie goldbraun aus dem Ofen kam. »Eine geteilte Brezel«, sagte Großmutter beim Brechen des warmen Brotes, »verbindet alle, die davon essen, in einem Kreis des Glücks.« Diesen Brauch habe ich mit meinen eigenen Kindern und inzwischen auch mit meinen Enkelinnen fortgesetzt und wir backen noch immer jedes Jahr gemeinsam nach dem alten Rezept.

(DIE RIESENBREZEL REICHT ALS ZWISCHENMAHLZEIT FÜR ETWA 12 PERSONEN)

Zutaten

Für den Teig

- 750 g Weizenmehl Type 550
- 1 Würfel frische Hefe (42 g)
- 100 g weiche Butter
- 375 ml lauwarme Milch
- 2 TL Salz
- 1 Prise Zucker
- 1 Ei zum Bestreichen
- grobes Salz zum Bestreuen

Zusätzlich

- Backpapier
- großes Backblech
- Küchentuch
- Backpinsel
- Alufolie

So wird's gemacht

- Zerbröckelt die Hefe und vermischt sie mit etwas lauwarmer Milch und Zucker. Nach 10 Minuten sollte sich eine schöne Schaumkrone bilden.
- Siebt das Mehl in eine große Schüssel und mischt das Salz unter. Formt eine Mulde in der Mitte und gebt die Hefemischung hinein.
- Gebt die restliche Milch und die weiche Butter dazu und knetet alles 10 Minuten kräftig durch, bis ein geschmeidiger Teig entsteht
- Formt den Teig zu einer Kugel, deckt sie mit einem Tuch ab und lasst sie an einem warmen Ort 45 Minuten gehen, bis sie sich verdoppelt hat.
- Legt das Backblech mit Papier aus und mehlt die Arbeitsfläche leicht. Knetet den Teig noch mal durch und teilt ihn in drei gleiche Teile.

- Rollt jeden Teil zu einem 60 cm langen Strang, der in der Mitte dicker und zu den Enden hin dünner wird. Legt die klassische Brezelform, überkreuzt die Enden und drückt sie fest an.
- Heizt den Ofen auf 200 °C vor. Lasst die Brezel noch mal 15 Minuten ruhen. Bestreicht sie mit verquirltem Ei, streut grobes Salz darüber und besprüht das Backpapier mit etwas Wasser.
- Die Brezel braucht 20–25 Minuten, bis sie goldbraun ist. Nach 15 Minuten prüfen und eventuell mit Folie abdecken.

Leckere Variationen

Probiert die süße Version mit Zimt-Zucker und Hagelzucker oder die Vollkornvariante mit mehr Flüssigkeit und längerer Gehzeit. Die Kräuterversion mit Käse und Sesam schmeckt auch wunderbar.

Glücksbringer

Formt kleine Brezeln oder Münzen aus dem Teig, setzt sie auf die große Brezel und backt sie mit. Die »Münzen« könnt ihr mit essbarem Goldglanzpulver verzieren.

Darauf solltet ihr achten

Knetet den Teig nicht zu fest, formt ihn gleichmäßig und gebt ihm genügend Zeit zum Gehen. Behaltet die Backzeit gut im Auge.

Die große Glücksbrezel ist ein Symbol für Gemeinschaft und neue Anfänge. Sie bringt Glück und Freude und schmeckt am besten, wenn man sie mit anderen teilt.

Fantasiereise: Die verzauberte Wegkreuzung

(Mit ruhiger Stimme vorlesen. Pausen an den … einlegen)

Mache es dir bequem und schließe deine Augen … Spüre, wie weich dein Kissen ist … Wie warm deine Decke … Atme tief ein und aus … Mit jedem Atemzug wirst du ruhiger …

Du wanderst durch einen verschneiten Winterwald … Die Bäume tragen weiße Mützen … Deine Schritte knirschen leise im Schnee … Die Luft ist klar und frisch …

Nach einer Weile kommst du zu einer besonderen Stelle im Wald … Eine verzauberte Wegkreuzung … Vier Pfade treffen sich hier … Jeder Weg hat seine eigene Magie …

In der Mitte der Kreuzung steht ein alter Wegweiser … Seine Pfeile leuchten sanft in verschiedenen Farben … Er zeigt in alle vier Himmelsrichtungen …

Eine weise Eule sitzt auf dem Wegweiser … Sie öffnet ihre goldenen Augen und spricht: »Willkommen an der Kreuzung der Entscheidungen. Hier kannst du einen neuen Weg wählen.« …

Der erste Weg nach Norden leuchtet in klarem Blau … Er führt zum »Tal der Weisheit« … Dort wachsen Kristalle, die dir zeigen können, was in deinem Herzen wichtig ist …

Der zweite Weg nach Osten schimmert in warmem Gold … Er führt zum »Garten der Möglichkeiten« … Dort blühen Blumen zu jeder Jahreszeit und jede trägt einen Traum in sich …

Der dritte Weg nach Süden glüht in kräftigem Rot … Er führt zur »Höhle der Kraft« … Dort brennt ein ewiges Feuer, das dir Mut und Stärke schenken kann …

Der vierte Weg nach Westen leuchtet in sanftem Grün … Er führt zum »See der Ruhe« … Dort spiegelt sich der Mond im Wasser und zeigt dir Bilder aus deiner Zukunft …

»Welchen Weg möchtest du erkunden?«, fragt die Eule … »Lausche in dein Herz. Es wird dir den Weg weisen.« …

Spüre einen Moment in dich hinein … Welche Richtung zieht dich an? … Welche Farbe spricht zu dir? … Welcher Weg ruft nach dir? …

Wenn du deinen Weg gewählt hast, geh ein Stück darauf entlang … Was entdeckst du? … Was hörst du? … Was fühlst du? …

Die Eule fliegt lautlos neben dir her … »Jeder Weg hat seine eigenen Geschenke«, erklärt sie. »Und du kannst jederzeit zur Kreuzung zurückkehren und einen anderen Weg erkunden.« …

Nimm dir Zeit, deinen gewählten Weg zu erforschen … Sammle die Geschenke, die er für dich bereithält … Spüre die Kraft, die er dir schenkt …

Die Eule überreicht dir einen kleinen Kompass … »Dies ist dein innerer Kompass«, sagt sie. »Er wird dir immer den Weg zeigen, der für dich richtig ist.« …

Der Kompass beginnt sanft in deiner Hand zu glühen … Seine Wärme fließt durch deinen ganzen Körper … Du fühlst dich sicher und geborgen …

Es wird Zeit, zurückzukehren … Die Eule geleitet dich zur Kreuzung … »Denk daran«, sagt sie zum Abschied, »alle Wege sind gut. Wichtig ist nur, dass du deinem Herzen vertraust.« …

Langsam machst du dich auf den Rückweg … Der Wald um dich herum wird vertrauter … Die Schneeflocken tanzen im Winterlicht …

Spüre wieder deinen Atem … dein Herz … den Kompass in deiner Hand … Wenn du bereit bist, öffne langsam deine Augen …

Nachbereitung

- Bleibt noch einen Moment ruhig liegen.
- Spürt nach, welcher Weg euch angezogen hat.
- Wer möchte, darf erzählen:
- Welche Farbe hat euch gerufen?
- Was habt ihr auf eurem Weg entdeckt?
- Welche Geschenke habt ihr gefunden?

Für kleine Künstler*innen

- Malt ein Bild von eurer Wegkreuzung.
- Gestaltet einen eigenen Kompass.
- Schreibt auf, was ihr auf eurem Weg gefunden habt.
- Bastelt einen Wegweiser für eure Träume.

Märchen: Das Neujahrsglöckchen

Hoch oben im Glockenturm der alten Dorfkirche lebte ein kleines Glöckchen. Es war viel kleiner als die große Kirchenglocke und wurde nur zu ganz besonderen Anlässen geläutet. Die Menschen im Dorf nannten es das Neujahrsglöckchen, weil es seit Jahrhunderten die Aufgabe hatte, das neue Jahr einzuläuten.

Das Glöckchen liebte seine Aufgabe über alles. Das ganze Jahr freute es sich darauf, in der Neujahrsnacht seinen hellen, klaren Klang über das Dorf schwingen zu lassen. Sein Läuten sollte die Menschen daran erinnern, dass jeder neue Anfang etwas Besonderes ist und dass in jedem von uns ein Licht leuchtet, das uns den Weg weist.

Aber dieses Jahr war das Glöckchen besorgt. Der alte Glöckner, der es sonst immer geläutet hatte, war krank geworden. Sein Enkel Jonas sollte die Aufgabe übernehmen, aber der Junge war sehr schüchtern und unsicher.

»Was ist, wenn ich es nicht richtig mache?«, fragte Jonas, als er am Nachmittag vor Silvester zum ersten Mal die Treppe zum Glockenturm hochstieg. »Was ist, wenn ich nicht stark genug bin?«

Das Glöckchen konnte Jonas' Sorgen spüren. Wie gerne hätte es ihm gesagt, dass es gar nicht auf Stärke ankam, sondern auf das Licht im Herzen. Aber Glöckchen können ja nicht sprechen – zumindest nicht so, dass Menschen es hören können.

Also beschloss das Glöckchen, es Jonas auf andere Weise zu zeigen. Als der Junge vorsichtig das Seil berührte, ließ es einen ganz sanften, warmen Ton erklingen – kaum lauter als ein Flüstern.

Jonas hielt inne. Der Ton war so schön, dass er unwillkürlich lächeln musste. Noch einmal berührte er das Seil, diesmal etwas mutiger. Wieder erklang der Ton, ein bisschen heller diesmal.

»Das fühlt sich an wie … Sonnenschein«, sagte Jonas überrascht. Er hatte nicht gewusst, dass ein Glöckchen so warm klingen konnte.

Mit jedem Läuten wurde Jonas' Lächeln breiter. Das Glöckchen spürte, wie die Unsicherheit des Jungen schmolz wie Schnee in der Frühlingssonne. Mit jedem Ton schien ein bisschen mehr von Jonas' innerem Licht durchzuscheinen.

Am Abend kam Jonas wieder. Er setzte sich neben das Glöckchen und erzählte ihm von seinen Träumen und Hoffnungen für das neue Jahr. Das Glöckchen hörte aufmerksam zu und ließ ab und zu einen leisen, ermutigenden Ton erklingen.

Als die Neujahrsnacht kam, war Jonas bereit. Punkt Mitternacht zog er am Seil und das Glöckchen sang sein schönstes Lied. Es war eine Melodie voller Hoffnung und Freude, voller Mut und Zuversicht.

Die Menschen im Dorf horchten auf. »So schön hat das Neujahrsglöckchen ja noch nie geklungen!«, sagten sie zueinander. Was sie nicht wussten: Es war nicht nur das Glöckchen, das sang – es war auch Jonas' inneres Licht, das in jedem Ton mitschwang.

Von diesem Tag an kam Jonas jeden Tag in den Glockenturm. Er brauchte das Glöckchen nicht mehr zu läuten, aber er setzte sich daneben und erzählte von seinem Tag. Und manchmal, wenn er ganz still war, konnte er einen feinen silbernen Ton hören – als ob das Glöckchen ihm zulächelte.

Die Jahre vergingen und Jonas wurde der beste Glöckner, den das Dorf je hatte. Die Menschen sagten, er hätte eine besondere Gabe, die Glocken zum Singen zu bringen. Aber Jonas wusste es besser. Es war nicht seine Gabe – es war das Licht in seinem Herzen, das das kleine Neujahrsglöckchen ihm geholfen hatte zu entdecken.

Und jedes Jahr in der Neujahrsnacht, wenn Jonas das Glöckchen läutete, erinnerte sein heller, klarer Klang die Menschen daran, dass in jedem von ihnen ein Licht leuchtet – ein Licht, das nur darauf wartet, entdeckt und mit der Welt geteilt zu werden.

Gesprächsimpulse für nach der Geschichte

- Was könnte das »innere Licht« sein, von dem in der Geschichte gesprochen wird?
- Gab es bei dir schon einmal einen Moment, in dem du wie Jonas wegen etwas unsicher warst und es dann doch geschafft hast?
- Warum hat das Neujahrsglöckchen wohl so viel schöner geklungen, als Jonas es geläutet hat?
- Welche Träume und Hoffnungen hast du für das neue Jahr, die du wie Jonas deinem eigenen »Glöckchen« erzählen würdest?

9. Zaubernacht

Freunde werden und Frieden schließen

★ 2. Januar

Die neunte Rauhnacht lädt uns ein, Brücken zu bauen – zu anderen Menschen, aber auch zu uns selbst. Nach den besinnlichen Tagen des Jahreswechsels öffnet sich nun ein Raum für Heilung, Verbindung und Neuanfänge. Es ist eine Zeit, die wir nutzen können, um alte Konflikte zu lösen, neue Freundschaften zu knüpfen und den inneren Frieden zu stärken.

Neue Bande zu knüpfen und Verbundenheit zu pflegen, ist gerade auch für Kinder ein wichtiges Thema. Das gilt gerade in einer Zeit, in der sich immer mehr Kinder und Jugendliche einsam fühlen, da echte Begegnungen zunehmend durch digitale Scheinfreundschaften ersetzt werden.

In diesem Kapitel findet ihr kleine Spiele und Rituale, die euch dabei unterstützen, diese heilsame Kraft der neunten Rauhnacht in der Gemeinschaft zu erleben und in euren Alltag mitzunehmen.

Die Versöhnungsbrücke

Die neunte Rauhnacht war in meiner Kindheit die Nacht der Versöhnung, in der meine Großmutter ein besonderes Ritual pflegte: Sie spannte ein langes Tuch durch unsere Stube und schuf so eine symbolische Brücke, über die wir Kinder unsere kleinen Streitigkeiten überwinden konnten – »Ein Schritt auf der Versöhnungsbrücke«, sagte sie mit sanfter Bestimmtheit, »wiegt schwerer als tausend Worte der Entschuldigung.«

Das braucht ihr

- lange Seile oder Tücher für die Brücke
- bunte Bänder
- Glöckchen
- Kissen zum Sitzen
- Kerze
- ruhige, harmonische Musik

Los geht's

Legt die Seile als Brücke aus und platziert an beiden Enden Kissen. Eine Kerze kommt in die Mitte, bunte Bänder liegen bereit. Spielt leise Musik, macht den Raum etwas dunkler und lasst alle zur Ruhe kommen.

- **Die Begegnungsbrücke**
  Zwei Kinder stellen sich an die Enden der Brücke und gehen langsam aufeinander zu. In der Mitte begrüßen sie sich mit einem Friedensgruß – das kann ein Händedruck sein, eine Verbeugung, ein Lächeln oder freundliche Worte. Dieser bewusste Moment des Aufeinanderzugehens symbolisiert den Mut, den ersten Schritt zur Versöhnung zu wagen. Das gemeinsame Innehalten in der Mitte der Brücke schafft einen heilsamen Raum, in dem alte Spannungen sich auflösen können.

- **Die Geschenkebrücke**
  Jedes Kind bekommt ein buntes Band. Sie gehen über die Brücke, treffen sich und schenken einander ihr Band mit einem »Danke«. Die Bänder werden später an einem besonderen Ort aufbewahrt oder am Fenster befestigt, als sichtbares Zeichen der geschenkten Versöhnung. Mit jedem getauschten Band wächst ein buntes Netz der Verbundenheit zwischen allen Familienmitgliedern.

- **Die Wunschbrücke**
  Die Kinder gehen zur Mitte, flüstern einen Wunsch, läuten ein Glöckchen und gehen gemeinsam zurück. Der Klang des Glöckchens trägt die ausgesprochenen Wünsche in die Nacht hinaus und verwandelt Worte in heilende Schwingungen. Diese gemeinsame Rückkehr vom Mittelpunkt der Brücke symbolisiert den neuen Weg, den die Kinder nach ihrer Versöhnung zusammen beschreiten.

Weitere kleine Brückenspiele

- Bei der **Spiegelbrücke** spiegeln sich die Bewegungen der Kinder. Ein Kind beginnt mit langsamen, fließenden Gesten, während das andere diese exakt nachahmt, als stünde es vor einem Spiegel. Diese Übung fördert nicht nur die Aufmerksamkeit, sondern lehrt auch, sich in die Perspektive des anderen hineinzuversetzen und dessen Handlungen mit Respekt zu begegnen.
- Auf der **Friedensbrücke** gehen sie mit geschlossenen Augen aufeinander zu und fassen sich an den Händen. Dieses Spiel stärkt das

Vertrauen zwischen den Kindern und symbolisiert, dass wir manchmal blind für die Bedürfnisse anderer sein können, aber durch behutsames Annähern trotzdem zueinanderfinden. Der Moment des Händefassens wird oft von einem gemeinsamen Atemzug oder einem leisen »Frieden« begleitet.

- Bei der **Vertrauensbrücke** führt ein Kind das andere sicher über die Brücke. Während das eine Kind die Augen verbunden hat oder geschlossen hält, übernimmt das andere die verantwortungsvolle Aufgabe, mit sanften Worten und behutsamen Berührungen zu leiten. Dieses Spiel lehrt nicht nur, Vertrauen zu schenken, sondern auch Verantwortung für das Wohlbefinden des anderen zu übernehmen – eine wichtige Grundlage für jede gelungene Beziehung.

Friedvolle Rituale

In der Schwellenzeit der Rauhnächte haben Versöhnungsrituale eine besonders starke Wirkung. Sie helfen uns und unseren Kindern, alten Groll loszulassen und mit einem gereinigten Herzen ins neue Jahr zu starten.

- **Im Friedenskreis** reichen sich alle die Hände und singen ein Friedenslied. Die geschlossene Kreisform symbolisiert die Verbundenheit aller Teilnehmenden und stärkt das Gemeinschaftsgefühl. Zum Abschluss des

Liedes können alle gemeinsam tief einatmen und beim Ausatmen einen Wunsch für den Frieden in die Mitte des Kreises senden. Wählt ein einfaches, sich wiederholendes Lied wie *Dona Nobis Pacem* oder *Hevenu Shalom Alechem*, das auch Kinder leicht mitsingen können.

- **Bei der Friedensbotschaft** werden schöne Worte weitergegeben. Jede Person flüstert ihrem Nachbarn einen Friedenswunsch oder ein freundliches Kompliment ins Ohr, bis die Botschaft einmal im Kreis herumgewandert ist. Diese Übung fördert die achtsame Kommunikation und das aktive Zuhören. Beginnt mit einem einfachen Satz wie »Möge Frieden in deinem Herzen sein« und beobachtet, wie sich die Botschaft verändert oder erweitert, während sie weitergegeben wird.
- **Beim Freundschaftstanz** tanzen alle zur Musik und finden einen Partner. Nach jeder Musikpause wechseln die Tanzpartner, sodass jeder mit jedem einmal getanzt hat. Diese bewegte Form der Begegnung löst Spannungen und schafft auf spielerische Weise neue Verbindungen. Wählt eine fröhliche, aber nicht zu schnelle Musik und ermutigt die Teilnehmenden, sich mit respektvollen Gesten wie Verbeugungen oder Händeschütteln zu begrüßen, bevor sie gemeinsam tanzen.

Für verschiedene Alter

Die Kleinen (3–6 Jahre) machen einfache Bewegungen und kurze Wege mit viel Musik. Die Größeren (7–10 Jahre) können schon komplexere Aufgaben bewältigen und eigene Ideen entwickeln. Und in gemischten Gruppen helfen die Großen den Kleinen.

Fantasiereise: Brückenbau im Tal der Versöhnung

(Mit ruhiger, sanfter Stimme vorlesen. Pausen an den … einlegen)

Mache es dir bequem und schließe deine Augen … Spüre, wie weich dein Kissen ist … Wie warm deine Decke … Atme tief ein und aus … Mit jedem Atemzug wirst du ruhiger …

Stell dir vor, du wanderst durch einen verschneiten Winterwald … Die Luft ist klar und rein … Deine Schritte sind leicht … Ein sanfter Wind streicht durch die Zweige …

Der Weg führt dich zu einem besonderen Ort … Dem Tal der Versöhnung … Hier treffen sich Menschen, um Brücken zueinander zu bauen …

Du kommst auf eine Anhöhe und schaust ins Tal hinunter … Es ist ein wunderschöner Anblick … Überall siehst du Brücken … große und kleine … alte und neue … Jede ist einzigartig …

Ein weiser alter Mann begrüßt dich … Er ist der Brückenbauer … »Willkommen im Tal der Versöhnung«, sagt er freundlich. »Möchtest du lernen, wie man Brücken baut?« …

Du nickst und er führt dich zu einer Werkstatt … Hier liegen die Bausteine für Brücken bereit … aber es sind besondere Bausteine …

»Dies ist ein Stein aus Verständnis«, erklärt der Brückenbauer und reicht dir einen sanft leuchtenden Stein … »Er hilft dir, andere besser zu verstehen.« …

Der nächste Stein schimmert wie ein Regenbogen … »Der Stein der Verzeihung«, sagt der Alte. »Er macht dein Herz leicht und weit.« …

Ein dritter Stein glüht warm wie die Sonne … »Der Stein der Freundschaft. Er verbindet Herzen miteinander.« …

»Nun«, sagt der Brückenbauer, »denk an jemanden, zu dem du eine Brücke bauen möchtest …«

Lass dir Zeit … Wer kommt dir in den Sinn? … Zu wem möchtest du einen neuen Weg finden? …

Der Brückenbauer zeigt dir einen Platz im Tal … »Hier kannst du deine Brücke beginnen. Der erste Schritt ist immer der wichtigste.« …

Du nimmst den Stein des Verständnisses … Er fühlt sich warm an in deiner Hand … Vorsichtig legst du ihn als ersten Baustein …

Der Stein beginnt sanft zu leuchten … Sein Licht zeigt dir den Weg für den nächsten Stein … den Stein der Verzeihung …

Mit jedem Stein wächst deine Brücke … Sie wird stark und schön … Das Licht der Steine verbindet sich zu einem warmen Leuchten …

Als der letzte Stein – der Stein der Freundschaft – seinen Platz findet, erscheint am Himmel ein Regenbogen … er spannt sich über deine Brücke wie ein Tor …

Der Brückenbauer lächelt. »Deine Brücke ist fertig. Möchtest du sie überqueren?« …

Langsam gehst du über deine Brücke … Mit jedem Schritt spürst du, wie sich dein Herz weiter öffnet … wie Verständnis und Verzeihen leichter werden …

Am anderen Ende der Brücke wartet eine Überraschung … Ein kleiner goldener Schlüssel … »Dies ist der Schlüssel der Versöhnung«, erklärt der Brückenbauer. »Er wird dir helfen, auch in Zukunft neue Brücken zu bauen.« …

Der Schlüssel fühlt sich warm an in deiner Hand … Seine Kraft fließt durch deinen ganzen Körper … Du fühlst dich leicht und froh …

Es wird Zeit, zurückzukehren … Der Brückenbauer verabschiedet dich … »Denk daran«, sagt er, »jede Brücke beginnt mit einem ersten Schritt. Und jeder Schritt aufeinander zu ist ein Geschenk.« …

Der Weg führt dich zurück durch den Winterwald … Der Schlüssel der Versöhnung ist nun in deinem Herzen … Seine Kraft wird dir helfen, immer neue Brücken zu bauen …

Spüre noch einmal deinen Atem … dein Herz … die Kraft der Versöhnung … Wenn du bereit bist, öffne langsam deine Augen …

Ausklang

- Bleibt noch einen Moment ruhig liegen.
- Spürt nach, wie sich eure Brücke anfühlt.
- Wer möchte, darf erzählen:
- Wie sah eure Brücke aus?
- Zu wem habt ihr sie gebaut?
- Wie hat sich der Schlüssel angefühlt?

Für kleine Künstler*innen

- Malt ein Bild von eurer Brücke.
- Bastelt einen Friedensschlüssel
- Gestaltet eine Friedenskarte oder eine Versöhnungsbotschaft.

Zauberstäbe aus Ästen und Bändern

»Ein Zauberstab«, erklärte meine Großmutter, während sie mir zeigte, wie man einen besonders schönen, geraden Haselzweig mit bunten Bändern umwickelt, »trägt die Kraft deines Herzens in die Welt – je liebevoller du ihn gestaltest, desto stärker wird sein Zauber sein.«

Das Gestalten eigener Zauberstäbe ist für Kinder ein wundervolles kreatives Ritual, das ihre Fantasie beflügelt. In den folgenden Anleitungen findet ihr verschiedene Möglichkeiten, wie Kinder ihre eigenen magischen Stäbe erschaffen können. Diese selbst gemachten Zauberstäbe werden nicht nur zu treuen Begleitern in Fantasiespielen, sondern können auch als Friedensstäbe dienen – als Symbole dafür, dass wir mit unseren Worten und Taten »zaubern« können, um Freundschaft zu stiften und Konflikte friedlich zu lösen.

Das braucht ihr

- schöne, gerade Äste (etwa 30 cm lang)
- bunte Bänder
- Perlen und Glöckchen
- Federn
- Schnur oder Garn
- Washi-Tape in verschiedenen Farben
- optional: Glitzersteine

Werkzeug

- Schmirgelpapier
- Schere
- kleiner Handbohrer
- Heißklebepistole (für Erwachsene)
- Zange zum Drahtbiegen

Los geht's

Sucht euch schöne, gerade Äste und entfernt vorsichtig die Rinde. Mit Schmirgelpapier werden sie schön glatt. Sortiert schon mal die Bänder, Perlen, Federn und Glöckchen.

Den Griff umwickelt ihr mit Washi-Tape und bunten Bändern in Spiralform. Knotet alles gut fest und fädelt Perlen auf. An der Spitze könnt ihr ein kleines Loch bohren und einen Glitzerstein befestigen.

- **Der Naturzauberstab**
  Lasst ein bisschen Rinde am Ast, verwendet Naturfarben und schmückt ihn mit Federn und Holzperlen. Dieser Zauberstab verbindet euch besonders stark mit den Kräften der Natur und eignet sich hervorragend für Friedensrituale im Freien, wo seine natürliche Energie am besten zur Geltung kommt.
- **Der Sternenzauberstab**
  Wickelt goldenes Band drum, klebt Sterne auf, befestigt Glitzerperlen und webt Silberfäden hinein. Die funkelnden Elemente dieses Zauberstabes erinnern an den Sternenhimmel und helfen, hohe Wünsche für Freundschaft und Verständigung in die Weiten des Universums zu senden.

- **Der Regenbogenzauberstab**
  Flechtet bunte Bänder, reiht farbige Perlen auf, hängt Glöckchen dran und verziert alles mit Glitzer. Die vielen verschiedenen Farben symbolisieren die Vielfalt der Menschen und zeigen, dass wir in unserer Unterschiedlichkeit zusammen etwas Wunderschönes erschaffen können – genau wie ein Regenbogen, der nur durch das Zusammenspiel aller Farben seine volle Pracht entfaltet.

Magische Extras

Sucht besondere Kraftperlen aus und »ladet sie mit Wünschen auf«. Verschiedene Glöckchen sorgen für zauberhafte Klänge und bunte Federn tanzen im Wind. Glöckchen machen lustige Klingelgeräusche, die alle schlechten Träume verscheuchen und gute Träume anlocken. Federn sind so leicht, dass sie uns daran erinnern, wie wir nach einem Streit wieder fröhlich werden können – so als würden wir wie ein Vogel über alle Probleme hinwegfliegen können.

Die Verzauberung

Bildet einen Kreis, zündet eine Kerze an und sprecht euren eigenen Zauberspruch dreimal, während ihr den Stab schwingt. Das dreimalige Wiederholen verstärkt die Kraft eurer Worte und hilft, eure Gedanken zu fokussieren. Die Flamme der Kerze in der Mitte symbolisiert das Licht der Hoffnung, das durch eure gemeinsame Zauberei noch heller strahlt.

Um Frieden »herbeizuzaubern«, schwingt ihr den Stab sanft und sendet gute Wünsche. Mit langsamen, wellenförmigen Bewegungen zeichnet ihr unsichtbare Friedenssymbole wie ein Herz oder einen Kreis in die Luft und stellt euch vor, wie ein warmes Licht von euren Zauberstäben ausgeht und die ganze Umgebung mit Ruhe und Harmonie erfüllt. Ihr könnt dabei leise summen oder Worte wie »Frieden«, »Liebe« oder »Freude« flüstern.

Für Freundschaft zaubert ihr gemeinsam, kreuzt die Stäbe und teilt eure Wünsche. Wenn sich eure Zauberstäbe in der Mitte treffen, entsteht ein besonderer Moment der Verbindung, in dem die Kraft eurer Freundschaft spürbar wird. Jedes Kind kann einen Wunsch für den Freund oder die Freundin aussprechen oder sich etwas wünschen, das ihr gemeinsam erleben möchtet. Natürlich könnt ihr dabei auch Wünsche für Freunde oder Freundinnen, die gerade nicht da sind, aussprechen, denn auch wenn sie gerade weit weg sind – mit richtigen Freunden sind wir immer verbunden.

Rauhnacht-Rezept: Regenbogen-Freundschaftssuppe

Diese bunte Gemüsesuppe feiert die Vielfalt der Freundschaft. So wie die verschiedenen Gemüsesorten zusammen einen harmonischen Geschmack ergeben, so bereichern uns auch unterschiedliche Freundschaften. Das Zubereiten und gemeinsame Genießen dieser Suppe wird zu einem besonderen Erlebnis, das Verbindungen stärkt.

Nach der Beschreibung des Rezepts findet ihr ein kleines Ritual, bei dem jedes Kind eine Zutat zur Suppe beitragen kann, während es an einen Freund oder jemanden denkt, mit dem es sich versöhnen möchte. Dieses gemeinschaftliche Erlebnis macht aus einer einfachen Mahlzeit ein Symbol für Freundschaft und Zusammenhalt.

(FÜR 4–6 PERSONEN)

Zutaten

Für die Suppe

- 1 Zwiebel
- 2 Knoblauchzehen
- 2 EL Olivenöl
- 1,5 l Gemüsebrühe
- 1 Lorbeerblatt
- 1 Zweig Thymian
- Salz und Pfeffer

Für das Freundschaftsritual (zum gemeinsamen Einlegen)

- 1 rote Paprika, in kleinen Würfeln
- 1 gelbe Paprika, in kleinen Würfeln
- 1 kleine Zucchini, in kleinen Würfeln
- 1 Karotte, in dünnen Scheiben
- 100 g Mais
- Einige Suppennudeln (kleine Muscheln, Buchstaben oder andere Formen)

Zum Garnieren

- frische Kräuter (Petersilie, Schnittlauch)
- ein Klecks Crème fraîche

Zubereitung

- Zwiebel und Knoblauch fein hacken und in einem großen Topf mit Olivenöl anschwitzen, bis sie glasig sind.
- Mit Gemüsebrühe ablöschen, Lorbeerblatt und Thymian hinzugeben und alles zum Kochen bringen. Die Hitze reduzieren und etwa 10 Minuten köcheln lassen.
- In der Zwischenzeit das bunte Gemüse vorbereiten: Paprika, Zucchini und Karotten waschen und in kleine, mundgerechte Stücke schneiden. Jede Gemüsesorte sowie den Mais und die Suppennudeln in eine separate kleine Schüssel geben.
- Wenn die Brühe fertig ist, Lorbeerblatt und Thymian entfernen. Mit Salz und Pfeffer abschmecken.

Das Freundschaftsritual

Alle setzen sich um den Tisch mit der dampfenden Brühe in der Mitte. Jeder darf nun reihum eine Zutat auswählen und in die Suppe geben.

Beim Hinzufügen sagt er: »Ich denke an [Name]« und nennt dabei einen Freund oder jemanden, mit dem er oder sie sich versöhnen möchte.

Nach jeder Runde könnt ihr kurz beobachten, wie sich die Farben in der Suppe vermischen – genau wie sich Freundschaften entwickeln und verbinden.

Wenn alle Zutaten in der Suppe sind, wird sie noch einmal kurz erhitzt (etwa 5 Minuten), bis das Gemüse bissfest und die Nudeln gar sind.

Die fertige Suppe in Schalen servieren und mit frischen Kräutern und einem Klecks Crème fraîche garnieren.

Tipp

Für ein besonders schönes visuelles Erlebnis eignen sich kontrastreiche Gemüsesorten. Die Kinder können ihre Lieblingszutaten mitbringen oder auswählen, was die Suppe noch persönlicher macht.

Märchen: Der Eiszapfen-Zauberstab

Es war einer jener stillen Wintertage, an denen die Welt unter einer dicken Schneedecke schlummerte. Tom stand am Fenster und beobachtete die Eiszapfen, die wie kristallene Kerzen vom Dach hingen. Einer von ihnen glitzerte besonders schön und Tom dachte, dass er wie ein Zauberstab aussehe.

Er seufzte auf, denn er dachte an seinen besten Freund Leo. Sie hatten sich gestern beim Schlittenfahren aus einem nichtigen Grund gestritten und nun sprachen sie nicht mehr miteinander.

Als Tom den glitzernden Eiszapfen betrachtete, geschah etwas Merkwürdiges: Ein Regenbogen spiegelte sich darin und er hörte eine feine, kristallklare Stimme. »Du siehst traurig aus«, sagte der Eiszapfen.

Tom rieb sich die Augen, aber der Eiszapfen sprach tatsächlich. »Ich … ich hab mich mit meinem besten Freund gestritten«, erklärte er zögernd.

»Ah«, sprach der Eiszapfen, »dann brauchst du wohl einen Zauberstab des Friedens, wie mich! Hol mich herab.«

Tom kletterte vorsichtig auf die kleine Leiter, die sein Vater zum Lichterketten-Aufhängen benutzt hatte. Behutsam löste er den Eiszapfen, der sich überraschend warm in seiner Hand anfühlte.

»Weißt du«, erklärte der Eiszapfen, »ich bin aus gefrorenem Wasser entstanden. Und Wasser hat eine besondere Kraft – es kann hart sein wie Eis, aber auch weich wie Schnee. Es kann stürmisch sein wie Regen, aber auch sanft wie Morgentau. Diese Verwandlungskunst macht es zum perfekten Friedensstifter.«

»Aber wie kann ein Eiszapfen Frieden stiften?«, fragte Tom verwirrt.

»Schwing mich dreimal durch die Luft und sprich deinen Herzenswunsch«, antwortete der Eiszapfen.

Tom tat wie geheißen. Als er den Zauberstab schwang, bildeten sich kleine Regenbögen in der Luft und feine Eiskristalle tanzten wie Glitzerstaub um ihn herum.

»Ich wünsche mir, dass Leo und ich wieder Freunde sind«, flüsterte er.

Der Eiszapfen begann sanft zu leuchten. »Gut«, sagte er, »und jetzt geh zu Leo und zeig ihm den Zauberstab. Aber denk dran – die wahre Magie liegt nicht im Stab, sondern in deinem Herzen.«

Mit klopfendem Herzen ging Tom zu Leos Haus. Sein Freund baute gerade allein eine Schneeburg im Garten, aber sie sah irgendwie traurig aus.

Als Leo Tom mit dem leuchtenden Eiszapfen sah, hielt er inne. »Was ist das?«, fragte er neugierig.

»Ein Friedens-Zauberstab«, sagte Tom und erzählte Leo von dem sprechenden Eiszapfen. »Er hat mir gezeigt, dass man wie Wasser sein kann – manchmal fest, manchmal weich. Und dass es okay ist, verschiedene Ideen zu haben, so wie Wasser verschiedene Formen annehmen kann.«

Leo betrachtete den glitzernden Eiszapfen. »Wie ein gefrorener Regenbogen!«

»Wollen wir zusammen eine Zauberburg bauen?«, fragte Tom. »Mit einem Hügel für zwei Schlitten?«

Leo lächelte. »Und mit einem Eiszapfenturm!«

Sie machten sich gemeinsam an die Arbeit. Der Zauberstab bekam einen Ehrenplatz auf der höchsten Turmspitze. Als die Sonne darauf schien, bildeten sich überall kleine Regenbögen im Schnee.

»Weißt du«, sagte Leo, während sie ihr Werk bewunderten, »eigentlich ist es viel schöner, zusammen zu spielen.«

»Ja«, stimmte Tom zu, »zusammen ist alles zauberhafter.«

Der Eiszapfen auf dem Turm zwinkerte ihnen zu – oder war es nur ein Sonnenstrahl gewesen? Das blieb ihr Geheimnis. Aber von diesem Tag an wussten Tom und Leo, dass wahre Freundschaft wie Wasser ist: Sie kann alle Formen annehmen und ist stärker als das härteste Eis.

Wenn sie sich später einmal nicht einig waren, erinnerten sie sich an den Zauberstab und daran, dass man manchmal fest und manchmal weich sein muss – genau wie Wasser in all seinen wunderbaren Verwandlungen.

Gesprächsimpulse für nach der Geschichte

- Was bedeutet es, manchmal fest und manchmal weich zu sein wie Wasser?
- Wie fühlt sich ein Streit mit einem Freund an?
- Was hilft euch, wieder Frieden zu schließen?
- Wie könnt ihr dazu beitragen, eure Freundschaften zu pflegen, und zaubern, dass Harmonie und Freude darin wachsen? Was sind eure besonderen Kräfte – wie Zuhören, Teilen, Verzeihen oder Lachen –, die eure Freundschaften glücklich und stark machen?

10. Zaubernacht

Mit offenen Augen durch die Welt

★ 3. Januar

Die zehnte Rauhnacht lädt uns ein, unsere Sinne zu öffnen und die Welt um uns herum bewusster wahrzunehmen. Diese besondere Zeit zwischen den Jahren schafft einen einzigartigen Raum für Achtsamkeit – der Alltag ruht und die Natur hält den Atem an. Jetzt bietet sich uns die seltene Gelegenheit, unsere Aufmerksamkeit gezielt zu schärfen.

Achtsamkeit ist für Kinder besonders wichtig. In einer überreizten Welt voller endloser Ablenkungen verlieren sie schnell den Kontakt zu sich selbst – und so den Kontakt zu ihrer natürlichen Wahrnehmungsfähigkeit, ihren wahren Bedürfnissen und ihren Herzenszielen. Während der Rauhnächte lässt sich Achtsamkeit spielerisch »trainieren«, wodurch zugleich die Konzentrationsfähigkeit verbessert wird. Die ruhige, besinnliche Atmosphäre dieser Tage bietet den idealen Rahmen, um gemeinsam innezuhalten und seine Sinne bewusst zu schulen.

In diesem Kapitel findet ihr Spiele und Rituale, die euch darin unterstützen, alle Sinne zu schärfen – vom achtsamen Sehen über das bewusste Hören bis zum einfühlsamen Tasten. Ihr lernt, wie ihr gemeinsam mit eurem Kind oder euren Kindern ein einfaches Pendel bauen und nutzen könnt, um die Intuition zu stärken, und wie ihr durch kleine Übungen der Achtsamkeit den Zauber des Augenblicks entdecken könnt.

Ich sehe was, was du nicht siehst

Das Spiel »Ich sehe was, was du nicht siehst« ist schon sehr alt. Meine Großmutter hat es als Kind bereits mit ihrer Mutter gespielt und bestimmt kennt ihr es auch. Aber wusstet ihr, dass es nicht nur Spaß macht, sondern auch die Wahrnehmung schärft und eine wundervolle Übung für mehr Achtsamkeit im Alltag ist?

- **Die klassische Variante**

  Sucht euch einen Gegenstand aus und nennt seine Farbe. Die anderen dürfen raten und bekommen kleine Hinweise. Ein Spieler beginnt mit dem Satz: »Ich sehe was, was du nicht siehst, und das ist …« und nennt dann die Farbe des Gegenstands, den er ausgewählt hat. Die anderen Spieler stellen abwechselnd Fragen oder raten, welcher Gegenstand gemeint ist. Wer richtig rät, darf als Nächstes einen Gegenstand auswählen. Um das Spiel für jüngere Kinder etwas leichter zu gestalten, könnte ihr auch Hinweise zur Größe oder Form des Gegenstands geben.

- **Das Formenspiel**

  Findet besondere Formen im Raum, beschreibt sie und achtet auf alle Details. Anstatt nach Farben zu suchen, konzentriert ihr euch hier also auf geometrische Formen wie Kreise, Quadrate, Dreiecke oder ungewöhnliche Umrisse. Der Spieler könnte sagen: »Ich sehe was, was du nicht siehst, und das hat die Form eines …« Die anderen müssen nun genau beobachten, wo sich diese Form im Raum versteckt – vielleicht in der Struktur eines Möbelstücks, dem Schatten an der Wand oder dem Muster eines Teppichs. Dieses Spiel schult besonders das räumliche Denken und lässt euch Dinge wahrnehmen, die ihr im Alltag leicht überseht.

- **Das Detektivspiel**

Als Detektive sucht ihr nach kleinen Details, versteckten Dingen und geheimnisvollen Spuren. Bei dieser Variante schlüpft ihr in die Rolle von Sherlock Holmes und sucht nach unscheinbaren Hinweisen und leicht zu übersehenden Besonderheiten. Der Spielleiter könnte sagen: »Ich sehe einen Hinweis, den du nicht siehst, und er verrät …« Es kann sich um einen kleinen Riss in der Wand handeln, eine besondere Verfärbung auf einem Blatt oder einen ungewöhnlichen Schatten. Ihr könnt auch eine kleine Geschichte drum herum erfinden – vielleicht sind diese Details die Spuren eines imaginären Wesens oder der Schlüssel zu einem ausgedachten Rätsel. Diese anspruchsvolle Spielvariante fördert nicht nur die genaue Beobachtung, sondern regt auch die Fantasie und das kreative Denken an.

Achtsam sein mit allen Sinnen

Die folgenden meditativen Spiele unterstützen euch darin, die Welt um euch herum mit offenen Augen und einem wachen Bewusstsein zu entdecken. Gemeinsam könnt ihr eure Entdeckungen teilen und vergleichen. Dadurch schult ihr nicht nur die Wahrnehmung, sondern erweitert auch euren Wortschatz und übt das genaue Beschreiben.

- **Achtsam hören**

  Setzt euch gemeinsam in einen Kreis – drinnen oder draußen in der Natur. Schließt für drei Minuten die Augen und konzentriert euch nur aufs Hören. Lauscht den Geräuschen um euch herum, von den nächsten bis zu den fernsten. Ist es das Summen des Kühlschranks, das Zwitschern der Vögel oder das ferne Rauschen des Verkehrs? Anschließend teilt eure Eindrücke: Welche Geräusche habt ihr wahrgenommen? Woher kamen sie? Wie würdet ihr den Klang beschreiben – war er hell oder dunkel, weich oder hart, melodisch oder rhythmisch? Meine Großmutter konnte sogar die verschiedenen Vogelarten an ihrem Gesang unterscheiden und freute sich jedes Mal wie ein Kind, wenn sie eine neue entdeckte.

- **Achtsam tasten**

  Füllt einen Stoffbeutel mit verschiedenen Alltagsgegenständen oder Naturmaterialien – kleine Steine, Tannenzapfen, Muscheln, Kastanien, ein Stück Seide, Baumrinde oder eine Feder. Reicht den Beutel herum, lasst jeden mit geschlossenen Augen einen Gegenstand herausziehen und ertasten. Beschreibt, was ihr fühlt: Ist es rau oder glatt, weich oder hart, warm oder kühl, schwer oder leicht? Könnt ihr erraten, worum es sich handelt?

- **Achtsam riechen**

  Sammelt verschiedene duftende Gegenstände – frische Kräuter, Gewürze, Blüten, Früchte oder ätherische Öle auf Wattepads. Mit verbundenen Augen könnte ihr dann nacheinander an den Düften riechen. Beschreibt dabei, was ihr riecht. Ist der Duft süß, würzig, herb, frisch oder schwer? Welche Erinnerungen oder Gefühle weckt er in euch? Fällt euch vielleicht sogar eine Geschichte dazu ein?

Schöne Erweiterungen

Gestaltet ein gemeinsames »Sinnes-Tagebuch«, in dem ihr eure besonderen Entdeckungen festhaltet. Klebt gepresste Blätter ein, skizziert interessante Strukturen, die ihr ertastet habt, oder beschreibt besonders eindrucksvolle Klänge und Düfte. Oder zeichnet eine »Schatzkarte der Sinne« eurer Umgebung mit markierten Orten, wo es etwas Besonderes zu entdecken gibt – die duftende Lindenallee, die knarzende alte Holztreppe, der weiche Moosteppich im Wald oder der rau-glatte Rindenstamm der alten Eiche im Park.

Das tanzende Pendel und seine Geheimnisse

Gerade während der Rauhnächte kann das Pendeln wie ein sanftes Klopfen an der Tür zur eigenen inneren Weisheit sein. Die zehnte Rauhnacht widmet sich besonders der Achtsamkeit und lehrt uns, mit offenen Augen und wachem Geist durch die Welt zu gehen. Für Kinder ist das Pendeln ein faszinierendes Spiel, das gleichzeitig ihre Konzentrationsfähigkeit und Wahrnehmung fördert. Sie lernen dabei, zur Ruhe zu kommen, nach innen zu lauschen und auch feine Signale zu wahrzunehmen. Das Pendel wird zum spielerischen Begleiter beim Entdecken der eigenen Intuition.

Wenn ihr gemeinsam mit euren Kindern pendelt, entstehen besinnliche Momente der Verbundenheit. Pendeln hilft Kindern dabei, das Vertrauen in die eigene innere Stimme zu stärken, und es fördert ihre Feinfühligkeit.

Das braucht ihr

Für das Pendel

- ein schöner Kristall oder Stein
- eine feine, stabile Kette
- ein Ring zum Halten
- eine weiße Unterlage

Für die Unterlage

- weißes Papier
- bunte Stifte
- Lineal
- Zirkel

Befestigt den Stein mit einem Knoten an der Kette und bringt am anderen Ende den Ring an. Achtet auf eine mittlere Kettenlänge, damit das Pendel frei schwingen kann, ohne die Kontrolle zu verlieren.

Haltet das fertige Pendel in der Hand, spürt sein Gewicht und schließt kurz die Augen, um eine Verbindung aufzubauen. Probiert verschiedene Haltetechniken aus – zwischen Daumen und Zeigefinger oder auf dem ausgestreckten Zeigefinger – bis das Pendel ruhig und gleichmäßig hängt.

Die Sprache des Pendels

Bevor ihr mit dem eigentlichen Pendeln beginnt, vereinbart eine klare »Sprache« mit eurem Pendel. Ein Kreis bedeutet typischerweise »Ja«, während eine gerade Linie von links nach rechts für »Nein« steht. Eine ovale oder schwingende Bewegung kann als »Vielleicht« interpretiert werden. Bleibt das Pendel völlig still, gibt es keine Antwort. Entweder ist die Frage dann nicht klar genug gestellt oder ihr solltet eine neue Frage stellen.

Zeichnet diese Grundsprache auf ein Blatt Papier und legt es unter das Pendel. Testet die vereinbarte Sprache mit einfachen Fragen, deren Antwort ihr bereits kennt, um ein Gefühl für die Bewegungen zu bekommen. Achtet dabei auf eure Körperhaltung – eine aufrechte, entspannte Position hilft dem Pendel, frei zu schwingen.

Das Ritual der künftigen Wege

Sucht euch einen ruhigen Platz und stellt einen Tisch bereit. Eine Kerze und leise Musik schaffen eine schöne Stimmung zum Pendeln.

Atmet dreimal tief ein und aus, um zur Ruhe zu kommen. Zeichnet in die Mitte eines weißen Blattes einen kleinen Kreis als euren persönlichen Mittelpunkt.

Überlegt euch eine Ja/Nein-Frage, die euch beschäftigt. Zum Beispiel: »Soll ich mehr Zeit in der Natur verbringen?«, oder: »Würde es mir Spaß machen, ein Instrument zu lernen?«

Schreibt die Frage auf einen Zettel. Haltet das Pendel über den Kreis, schließt kurz die Augen und sprecht die Frage laut aus. Beobachtet dann, wie das Pendel schwingt – im Kreis für »Ja«, als Linie für »Nein« und wenn es sich nicht bewegt, für »Neue Frage«.

Notiert die Antwort und bewahrt das Blatt auf, um später zu sehen, ob die Pendelweisheit sich bewahrheitet hat. Dankt dem Pendel, löscht die Kerze und nehmt einen tiefen Atemzug, um das Ritual zu beenden.

Memory-Spiel mit Wintermotiven

Das Memory-Spiel mit Wintermotiven, das meine Großmutter mit uns einmal in der zehnten Rauhnacht bastelte, war nicht aus gekauftem Karton, sondern aus dünn geschnittenen Holzplättchen, die mein Vater für uns vorbereitet hatte.

Heutzutage gibt es natürlich unzählige Memory-Spiel-Varianten zu kaufen. Doch nichts geht über selbst gestaltete und gemalte Memory-

Kärtchen. Mit etwas Unterstützung der Erwachsenen können Kinder ihre ganz persönlichen Memory-Karten gestalten, die viel mehr Freude bereiten als jedes gekaufte Spiel. Die selbst gemalten Bilder tragen eure eigene Handschrift und erzählen eure Geschichten.

Das braucht ihr

- feste Kartons (weiß oder hellblau)
- Buntstifte oder Filzstifte
- Wasserfarben
- Schere
- Lineal
- Bleistift
- Radiergummi
- optional: Laminierfolie

Zum Verzieren

- Glitzerstifte
- Schneesticker
- Washi-Tape
- Silber- und Goldmarker

Schneidet die Kartons in gleich große Quadrate – ihr braucht 32 Karten für 16 Paare.

Malt dann (vielleicht mithilfe der Erwachsenen) schöne Wintermotive. Hier ein paar Ideen:

- Schneeflocken-Muster
- Wintervögel
- Tannenzweige
- Schlittschuhe
- Schlitten
- Schneemann
- Zipfelmütze
- funkelnde Sterne
- Laternen
- Pinguin

- Eisbär
- Schneehase
- Fuchs
- Schneeeule
- verschneiter Baum
- Kerze

Tipps für die Gestaltung

- Die Rückseiten bekommen ein einheitliches Wintermuster mit etwas Glitzer. Vorne zeichnet ihr die Motive sorgfältig vor und malt die Paare möglichst gleich aus.
- Mit Buntstiften könnt ihr feine Linien und schöne Schattierungen machen.
- Wasserfarben eignen sich gut für zarte Winterstimmungen. Mit Markern entstehen klare Konturen und leuchtende Farben. Und Glitzer, Silber und Gold könnt ihr gut verwenden, um Schneeflocken oder Sterne zu malen.

Los geht's

Mischt die Karten und legt sie verdeckt aus. Wer zwei gleiche Bilder findet, darf sie behalten. Zusätzlich könnt ihr zu den aufgedeckten Karten eine Geschichte erzählen oder passende Bewegungen machen.

Das selbst gebastelte Memory-Spiel schult nicht nur die Merkfähigkeit, sondern lässt uns die Winterwelt mit besonderer Aufmerksamkeit betrachten und ihre Details entdecken.

Fantasiereise: Mit der Achtsamkeitslupe unterwegs

(Mit ruhiger, klarer Stimme vorlesen. Pausen an den … einlegen)

Mache es dir ganz bequem … Spüre, wie weich dein Kissen ist … Wie warm deine Decke … Atme tief ein und aus … Mit jedem Atemzug wirst du ruhiger …

Stell dir vor, du hältst eine besondere Lupe in deiner Hand … Sie ist nicht aus gewöhnlichem Glas … sondern aus einem magischen Kristall … Wenn du hindurchschaust, kannst du die Wunder der Welt entdecken …

Die Lupe beginnt sanft zu leuchten … Ein warmes goldenes Licht umhüllt dich … und nimmt dich mit auf eine zauberhafte Entdeckungsreise …

Zuerst schaust du durch die Lupe in den Winterhimmel … Die Schneeflocken werden riesengroß … Jede ist ein einzigartiges Kunstwerk … Mit feinen Mustern und glitzernden Kanten … Wie kleine Eissterne tanzen sie durch die Luft …

Eine Schneeflocke landet sanft auf deiner Hand … Durch die Lupe siehst du, wie sie sich langsam in einen wunderschönen Kristallpalast verwandelt … Winzige Eisprinzessinnen tanzen in den glitzernden Sälen …

Die Lupe führt deinen Blick zu einem verschneiten Baum … In seiner Rinde entdeckst du geheimnisvolle Zeichen … Wie eine uralte Schrift erzählen sie Geschichten vom Leben des Baumes … von Frühlingsstürmen und Sommertagen …

An einem Ast hängt ein Eiszapfen … Durch die Lupe siehst du in seinem Inneren einen gefrorenen Regenbogen … Die Farben tanzen und funkeln … und in jeder Farbe spiegelt sich ein anderer Moment des vergangenen Jahres …

Ein Rotkehlchen landet auf dem Zweig … Durch die Lupe kannst du jede einzelne Feder sehen … Wie ein warmer Wintermantel schützen sie den kleinen Vogel … Seine Augen glänzen wie dunkle Perlen voller Weisheit …

Die Lupe zeigt dir einen Wintergarten … Unter der Schneedecke schlafen die Pflanzen … aber sie träumen schon von Frühling … Kleine grüne Knospen warten geduldig auf ihre Zeit … In jeder steckt ein buntes Blumenwunder …

Am Fenster entdeckst du Eisblumen … Durch die Lupe werden sie zu einem verzauberten Winterwald … Kristallbäume wachsen in die Höhe … Zwischen ihnen huschen silberne Schatten … wie Feen des Winters …

Ein Sonnenstrahl bricht durch die Wolken … Im Lupenglas zerlegt er sich in tausend funkelnde Lichter … Jedes trägt eine andere Farbe … Einen anderen Klang … Eine andere Geschichte …

Die Lupe führt dich zu einer Pfütze … die zu Eis gefroren ist … Darin siehst du den Himmel gespiegelt … Wolken ziehen wie Traumschiffe vorüber … und zwischen ihnen glitzern schon die ersten Sterne …

Plötzlich bemerkst du noch etwas Besonderes durch die Lupe … Goldene Fäden, die alles verbinden … die Schneeflocken mit den Eisblumen …

die Vögel mit den Bäumen … den Himmel mit der Erde … Alles ist miteinander verwoben in einem großen Tanz des Lebens …

Die Lupe zeigt dir noch ein letztes Bild … Dein eigenes Herz … Es leuchtet wie ein warmer Stern … und ist verbunden mit all den Wundern, die du gesehen hast … Du bist Teil des großen Ganzen …

Langsam wird es Zeit, zurückzukehren … Die magische Lupe legt sich sanft in deine Hand … Sie ist jetzt dein Geschenk … Wann immer du möchtest, kannst du durch sie schauen und die Wunder der Welt entdecken …

Spüre noch einmal deinen Atem … dein Herz … die Wärme der Lupe in deiner Hand … Wenn du bereit bist, öffne langsam deine Augen …

Ausklang

- Bleibt noch einen Moment ruhig liegen.
- Spürt nach, was ihr alles gesehen habt.
- Wer möchte, darf erzählen:
- Was war eure schönste Entdeckung?
- Welches Detail hat euch besonders gefallen?
- Was möchtet ihr durch die Lupe noch erforschen?

Für kleine Künstler*innen

- Malt ein Bild von eurer schönsten Entdeckung.
- Bastelt eine eigene Zauberlupe.
- Schreibt die Geschichte einer Schneeflocke.

Rauhnacht-Rezept: Schoko-Nuss-Energiebällchen

Schoko-Nuss-Bällchen sind zwar unscheinbar, doch in ihnen steckt eine geballte Ladung natürlicher Nährstoffe. Die Nüsse geben Kraft, die Früchte liefern Energie, der Kakao macht munter. Sie heben die Stimmung und wärmen von innen.

»Die Kraft der Natur in einer kleinen Kugel«, so beschrieb meine Großmutter die Schoko-Nuss-Energiebällchen, die wir gemeinsam in der zehnten Rauhnacht zubereiteten – die Nüsse dafür hatten wir im Herbst selbst gesammelt und getrocknet, und während wir sie in der warmen Stube knackten, erzählte sie: »Diese kleinen Bällchen sind wie die zehnte Rauhnacht selbst – von außen schlicht, doch voller verborgener Energie, die uns hilft, den Winter zu überstehen.«

(FÜR RUND 15 ENERGIEBÄLLCHEN)

Das braucht ihr

- 200 g gemischte Nüsse (z. B. Mandeln, Haselnüsse, Walnüsse)
- 100 g Datteln, entsteint
- 50 g Rosinen
- 3 EL Kakao
- 1 TL Vanilleextrakt
- 1 Prise Salz
- Kokosraspel
- Kakaopulver
- Gehackte Nüsse
- Sesam

So wird's gemacht

- Hackt die Nüsse grob und röstet sie kurz in einer Pfanne. Nach dem Abkühlen werden sie fein gemahlen. Die Datteln weicht ihr ein, lasst sie gut abtropfen und schneidet sie klein. Die Rosinen kommen dazu.
- Mischt Nüsse und Früchte, gebt Kakao, Vanille und Salz dazu und knetet alles gut durch. Formt dann kleine, gleichmäßige Kugeln daraus und stellt sie kühl.
- Für echte Schokofans kommt mehr Kakao rein, vielleicht auch Schokotropfen. Die Nussversion bekommt verschiedene Nüsse und Nussmus. Die Fruchtversion wird mit getrockneten Beeren, Cranberrys, Aprikosen und Feigen besonders fruchtig.
- Wälzt die Bällchen in Kokosraspeln, dann sehen sie aus wie Schneebällchen. Für festliche Anlässe steckt ihr sie auf Spieße und verziert sie mit Sternen und Bändern. In hübsche Pralinenschachteln verpackt sind die Energiebällchen aber auch eine schöne Geschenkidee.

Darauf solltet ihr achten

Ölt eure Hände leicht ein beim Formen und drückt nicht zu fest. Für Kinder nehmt ihr weniger Kakao, dafür süßere Früchte und eine bunte Deko.

Die Energiebällchen sind kleine Kraftpakete – sie vereinen Geschmack und Gesundheit und sind eine schöne Belohnung für aufmerksame Entdecker.

Märchen: Die Botschaft der Wintereulen

In einer verschneiten Winternacht saß Mia am Fenster und beobachtete die Schneeflocken, die durch die Dunkelheit tanzten. Der Mond schien hell und sein Licht ließ den Schnee wie Diamanten funkeln. Plötzlich sah sie einen großen Schatten lautlos durch die Nacht gleiten – eine Schneeeule!

Der majestätische Vogel landete auf dem alten Apfelbaum im Garten. Seine Federn leuchteten so weiß wie der Schnee und seine Augen glänzten wie goldene Laternen in der Nacht. Die Eule neigte den Kopf und schaute direkt zu Mia herüber.

»Hallo, kleiner Mensch«, sagte die Eule mit einer Stimme, die klang wie raschelnder Schnee. »Ich bin Lunia, die Hüterin der Winternacht. Möchtest du lernen, mit den Augen einer Eule zu sehen?«

Mia nickte aufgeregt. Im nächsten Moment fand sie sich neben Lunia auf dem Ast sitzend wieder. Alles um sie herum sah anders aus – klarer, schärfer, magischer.

»Wir Eulen«, erklärte Lunia, »sehen nicht nur mit unseren Augen, sondern auch mit unseren Herzen. Alle kleinen Dinge haben ihre Geschichten zu erzählen, wenn man nur genau hinschaut.«

Sie breitete ihre Flügel aus. »Komm, ich zeige dir unsere Welt!« Gemeinsam hoben sie ab in die Nacht. Mia genoss das Fliegen – ui, war das toll! Der Wind trug sie sanft über die verschneite Landschaft.

»Sieh dort unten«, flüsterte Lunia. »Die Spuren im Schnee – sie sind wie eine Geheimschrift. Die hüpfenden Punkte dort sind von einem kleinen Hasen, der seine Familie besucht hat. Und die feinen Linien daneben – das war eine Maus, die ein Wintervorratslager angelegt hat.«

Sie flogen über den Wald. »Schau genau hin«, sagte Lunia. »Siehst du, wie die Bäume im Mondlicht verschiedene Farben haben? Die Birken schimmern silbern, die Tannen tragen einen Hauch von Blau und die alten Eichen glühen golden von innen. Jeder Baum hat sein eigenes Licht, genau wie jeder Mensch.«

In einer Lichtung landeten sie auf einem hohen Ast. Dort saßen bereits andere Eulen – eine kleine Waldohreule mit fedrigen Ohren, eine braun gesprenkelte Waldkauzdame und ein alter grauer Uhu.

»Dies sind meine Schwestern und Brüder«, stellte Lunia vor. »Wir sind die Wächter der Nacht. Wir sehen, was andere übersehen, und bewahren die Geheimnisse des Winters.«

Die Waldohreule zwinkerte Mia zu. »Weißt du, warum wir unseren Kopf so weit drehen können? Weil es wichtig ist, die Dinge von allen Seiten zu betrachten. Manchmal verbirgt sich hinter dem Offensichtlichen noch etwas ganz Besonderes.«

Der alte Uhu nickte weise. »Und weißt du, warum wir so leise fliegen können? Weil die wichtigsten Dinge oft die leisesten sind. Ein fallender Schneekristall, ein keimendes Samenkorn, ein wachsender Traum – man muss sehr aufmerksam sein, um sie wahrzunehmen. Nur in der Stille kann man die wirklich wesentlichen Dinge erkennen.«

Die Waldkauzdame fügte hinzu: »Unsere großen Augen helfen uns nicht nur, in der Dunkelheit zu sehen. Sie erinnern uns daran, die Welt mit Staunen zu betrachten. Denn wer staunt, der sieht die Wunder.«

Lunia legte liebevoll einen Flügel über Mia. »Dies ist die Botschaft der Wintereulen: Öffne deine Augen weit, aber vergiss nicht, auch mit dem Herzen zu sehen. Höre auf die leisen Töne. Suche nach den verborgenen Geschichten. Und bewahre dir das Staunen.«

Als der Morgen nahte, brachte Lunia Mia zurück zu ihrem Fenster. »Wir sind immer da«, sagte sie zum Abschied. »Wenn du das nächste Mal eine Eule siehst, erinnere dich daran, die Welt mit offenen Augen und offenem Herzen zu sehen.«

Mia sah Lunia nach, wie sie lautlos in den Morgenhimmel glitt. Von diesem Tag an sah sie die Welt mit anderen Augen. Sie entdeckte die geheimen Schriftzeichen im Schnee, die verschiedenen Lichter in den Bäumen und die stillen Wunder des Winters. Und manchmal, wenn sie ganz genau hinschaute, konnte sie eine weiße Eule sehen, die ihr aufmunternd zuzwinkerte.

Gesprächsimpulse für nach der Geschichte

- Welche besonderen Details habt ihr heute schon entdeckt?
- Was würdet ihr gerne einmal mit Eulenaugen sehen?
- Welche leisen Töne könnt ihr in diesem Moment hören?
- Was hat euch zuletzt zum Staunen gebracht?

11. Zaubernacht

Dankbarkeit macht glücklich

★ 4. Januar

Die elfte Rauhnacht trägt eine besondere Schwingung in sich – sie lädt uns ein, in Dankbarkeit zurückzublicken, bevor wir den letzten Schritt ins kommende Jahr tun. Zu keiner anderen Zeit ist unser Herz so empfänglich für die tiefe Freude, die aus aufrichtiger Dankbarkeit erwächst.

Dankbarkeit ist wie ein Zauberschlüssel. Sie verwandelt das Gewöhnliche in etwas Besonderes und lässt uns erkennen, wie reich wir tatsächlich beschenkt sind – mit kleinen Momenten des Glücks, mit Menschen, die uns lieben, mit Erfahrungen, die uns wachsen lassen. Wie oft vergessen wir das im Trubel des Alltags …

Für Kinder ist die Kraft der Dankbarkeit besonders wertvoll. Immer, wenn wir dankbar sind, lenken wir unseren Blick auf das Positive. Durch Dankbarkeit lernen Kinder somit, nicht nur das zu sehen, was fehlt, sondern vor allem das zu schätzen, was da ist. In einer Welt, die oft von Vergleichen und »Immer-mehr-haben-Wollen« geprägt ist, schenkt Dankbarkeit innere Zufriedenheit. Und ohne Zufriedenheit ist es gar nicht möglich, wirklich glücklich zu sein.

In diesem Kapitel findet ihr »Die Schatzkiste der guten Dinge« – ein einfaches, aber kraftvolles Ritual, das euch gemeinsam einlädt, eure Dankbarkeit sichtbar zu machen und miteinander zu teilen. Außerdem nimmt euch eine Fantasiereise mit auf eine innere Entdeckungsreise zu den Quellen eurer Dankbarkeit.

Lasst uns gemeinsam entdecken, wie Dankbarkeit unser Zusammenleben bereichert und unsere Herzen mit echter Freude füllt – nicht nur in der elften Rauhnacht, sondern natürlich möglichst auch an jedem Tag des beginnenden Jahres.

Die Schatzkiste der guten Dinge

Die elfte Rauhnacht war in unserer Familie dem Sammeln und Bewahren der Kostbarkeiten des Lebens gewidmet und meine Großmutter fertigte für jedes Kind eine besondere Schatzkiste an – für mich schnitzte sie eine aus Lindenholz mit meinen Initialen darauf und sagte: »Valentin, auch der reichste Mensch ist arm, wenn er seine Schätze nicht zu würdigen weiß, und der ärmste ist reich, wenn er dankbar ist für das, was ihm geschenkt wurde.«

Das braucht ihr

Für die Kiste

- schöne Holz- oder Pappbox
- Buntpapier
- Farben und Pinsel
- Glitzer und Perlen
- Band und Schleifen
- kleine Schlüssel

Für die Schätze

- Buntes Papier
- Stifte und Marker
- Fotos und Bilder
- kleine Funde und Karten

Schätze sammeln

Die Schatzkiste wird zum magischen Behälter für all die kleinen und großen Glücksmomente des Lebens. Kinder können verschiedene Methoden nutzen, um ihre Schätze festzuhalten: Schreibt schöne Erlebnisse auf, malt Bilder, klebt Fotos ein, notiert Namen von Menschen oder bewahrt kleine Geschenke von ihnen auf. Hier sind einige Vorschläge:

- ***Glückstagebuch***: ein kleines Heft in der Schatzkiste, in dem täglich ein schöner Moment notiert wird.
- ***Sonnenstrahlenkarten***: gelbe Papierkarten, auf denen besonders sonnige Erlebnisse festgehalten werden.
- ***Lächeln-Sammlung***: ein Büchlein mit kleinen Zeichnungen oder Aufklebern für jedes Lächeln, das den Tag erhellt hat.
- ***Erfolgskalender***: ein Kalender, in dem besonders gelungene Tage markiert werden – zum Beispiel mit goldenen Sternen für erreichte Ziele.
- ***Umarmungszähler***: bunte Perlen in einem Glas – für jede herzliche Umarmung kommt eine Perle ins Glas.
- ***Freundschaftsbuch*** mit Fotos, Zeichnungen und kleinen Geschichten über Freunde.
- ***Familienstammbaum*** – selbst gemalt oder mit Fotos gestaltet.
- ***Helfersterne***: Papiersterne mit Namen von Menschen, die uns geholfen haben.
- ***Rezeptsammlung***: Rezepte von euren Lieblingsspeisen, die ihr abgeschrieben oder ausgeschnitten habt.

- ***Buchschätze***: eine Liste von Büchern, die euch besonders gefallen haben, oder schöne Zitate daraus.
- ***Fotos***: Bilder von schönen Momenten, von tollen oder auch von besonders gemütlichen Orten.
- ***Jahreszeitensammlung***: getrocknete Blumen, Blätter, Federn nach Jahreszeiten sortiert.
- ***Geburtstagswunschkarten***

Die Gestaltung

Die Schatzkiste selbst kann ein kreativer Schatz werden: Ihr könnt eine einfache Holzkiste bunt bemalen oder eine Schuhschachtel mit Stoff, Glitzer und Aufklebern verzieren. Um Ordnung in eure gesammelten Kostbarkeiten zu bringen, könnt ihr verschiedene Fächer für unterschiedliche Arten von Schätzen einrichten. Beschriftete Umschläge eignen sich hervorragend für eure flachen Schätze wie Briefe und Zeichnungen, während kleine Gläser gute Behälter für eure Naturschätze oder Symbolsammlungen sind. Die Schatzkiste wird so zum wachsenden Zeugnis all der wunderbaren Dinge in eurem Leben. Sie lehrt euch, Wertvolles wahrzunehmen und zu bewahren, auch wenn es nicht materiell ist.

Kleine Dankbarkeitsrituale

Dankbarkeitsrituale können sehr einfach sein. Das vielleicht schönste Dankbarkeitsritual, das meine Großmutter uns früher beibrachte, war das abendliche Kerzenanzünden, bei dem jedes Kind einen kleinen Schatz aus seiner Kiste holen und von einem Moment des Tages erzählen durfte, für den es dankbar war.

Es gibt aber auch viele andere Möglichkeiten: Öffnet morgens die Kiste und wählt einen Schatz für den Tag aus. Abends fügt ihr einen neuen Schatz hinzu und denkt über die guten Momente nach.

Teilt eure Schätze und Geschichten mit anderen. Dafür könnt ihr eine gemütliche Ecke mit Kissen einrichten und eine Kerze anzünden. Setzt euch im Kreis um die Kiste und erzählt reihum von euren Schätzen.

Der Dankbarkeitsstern

Dieses Ritual ist bewusst einfach gehalten, benötigt nur wenige Materialien und kann auch gut nur zu zweit durchgeführt werden. Es schafft einen besonderen Moment der Verbindung und lenkt die Aufmerksamkeit auf die positiven Aspekte des Tages.

Das braucht ihr

- ein Blatt Papier
- Buntstifte oder Filzstifte
- eine kleine Kerze
- eventuell etwas Glitzer

Los geht's

1. Zeichnet gemeinsam einen großen Stern auf das Papier oder schneidet ihn aus.
2. In die Mitte des Sterns schreibt oder malt ihr etwas, wofür ihr beide besonders dankbar seid.
3. In jeden Zacken des Sterns kommt nun ein weiterer Dankbarkeitsmoment des Tages – entweder gemalt oder geschrieben.
4. Wenn ihr möchtet, könnt ihr den Stern mit Glitzer verzieren.
5. Stellt eine kleine Kerze auf oder neben den Stern und zündet sie gemeinsam an.
6. Sprecht einen kleinen Dankbarkeitsspruch, z. B.: »Für all das Gute, das wir sehen, sagen wir von Herzen: Danke schön!«
7. Haltet einen Moment inne und genießt das warme Gefühl der Dankbarkeit.

Der Dankbarkeitsstern kann jeden Abend neu gestaltet werden. Ihr könnt auch mehrere Dankbarkeitssterne sammeln und sie im Kinderzimmer aufhängen, um eine »Sternenkette der Dankbarkeit« zu erschaffen.

Fantasiereise: Spaziergang im Garten der Dankbarkeit

(Mit ruhiger, warmer Stimme vorlesen. Pausen an den … einlegen)

Mache es dir ganz bequem und schließe deine Augen … Spüre, wie weich dein Kissen ist … wie warm deine Decke … Atme tief ein und aus … Mit jedem Atemzug wirst du ruhiger …

Stell dir vor, vor dir öffnet sich ein wunderschönes Gartentor … Es ist mit goldenen Ranken verziert … und über dem Tor steht in leuchtenden Buchstaben: »Garten der Dankbarkeit« …

Als du durch das Tor trittst, umfängt dich warmes goldenes Licht … Die Luft ist mild und duftet nach Blumen … Ein sanfter Wind streicht über dein Gesicht wie eine zärtliche Hand …

Der Garten ist in verschiedene Bereiche eingeteilt … Jeder hat seine eigene Magie … Ein verwunderter Gärtner mit freundlichen Augen begrüßt dich …

»Willkommen im Garten der Dankbarkeit«, sagt er lächelnd. »Hier wachsen all die guten Dinge, für die wir dankbar sein können. Möchtest du sie entdecken?« …

Er führt dich zuerst zum »Garten der Liebe« … Hier wachsen Herzblumen in allen Farben … Jede steht für einen Menschen, den du liebst … der dir Gutes tut … der dich zum Lächeln bringt …

Betrachte die Herzblumen … Wie viele erkennst du? … Für welche Menschen in deinem Leben bist du dankbar? … Die Blumen neigen sich dir zu und flüstern ihre Namen …

Der nächste Bereich ist der »Garten der Freude« … Hier sprießen Glücksblumen aus dem Boden … Jede erinnert an einen schönen Moment … ein Lachen … ein Spiel … eine Umarmung …

Pflücke eine Glücksblume … Sie duftet nach deinem schönsten Erlebnis … Was war es? … Lass die Erinnerung dein Herz wärmen …

Im »Garten der Wunder« wachsen kristallene Blumen … Sie spiegeln die kleinen und großen Wunder deines Lebens … den Regenbogen am Himmel … den ersten Schnee … das Lied eines Vogels …

Eine Kristallblume beginnt zu klingen … Ihre Melodie erinnert dich an all die wunderbaren Dinge, die dich jeden Tag umgeben …

Der Gärtner führt dich zum »Garten der Gaben« … Hier blühen Talentblumen … Jede steht für etwas, das du kannst … das du gelernt hast … worauf du stolz sein darfst …

Berühre eine Talentblume … Spüre ihre Kraft … Sie erinnert dich daran, dass jeder Mensch besondere Gaben hat …

Im »Garten der Hoffnung« leuchten Sternenblumen … Sie tragen deine Träume und Wünsche … deine Ideen und Pläne für die Zukunft …

Eine Sternenblume löst sich und schwebt in deine Hand … Sie schenkt dir Mut und Vertrauen für deinen Weg …

Der letzte Bereich ist der »Garten der Stille« … Hier wachsen silberne Mondblumen … Sie lehren dich innezuhalten … zu lauschen … dankbar zu sein für den Moment …

Der Gärtner lächelt und überreicht dir einen besonderen Samen … »Dies ist ein Dankbarkeitssamen«, erklärt er. »Wenn du ihn in deinem Herzen pflanzt, wird er zu einem eigenen Garten der Dankbarkeit wachsen.« …

Du nimmst den Samen behutsam in deine Hand … Er beginnt sanft zu leuchten … Seine Wärme fließt durch deinen ganzen Körper … Dein Herz öffnet sich wie eine Blüte …

Es wird Zeit, Abschied zu nehmen … Der Gärtner begleitet dich zum Tor … »Denk daran«, sagt er, »Dankbarkeit ist wie ein Garten – je mehr du dich darum kümmerst, desto schöner blüht er.« …

Der Samen in deinem Herzen pulsiert warm und lebendig … Er erinnert dich daran, die guten Dinge in deinem Leben zu sehen und zu würdigen …

Spüre noch einmal den sanften Wind … das warme Licht … die Dankbarkeit in deinem Herzen … Und wenn du bereit bist, öffne langsam deine Augen …

Ausklang

- Bleibt noch einen Moment ruhig liegen.
- Spürt dem Gefühl der Dankbarkeit nach.
- Wer möchte, darf erzählen:
- Welche Blumen habt ihr entdeckt?
- Wofür seid ihr besonders dankbar?
- Wo möchtet ihr euren Dankbarkeitsgarten anlegen?

Für kleine Künstler*innen

- Malt ein Bild von eurem Dankbarkeitsgarten.
- Gestaltet ein Dankbarkeitstagebuch.
- Bastelt Dankbarkeitsblumen.
- Plant einen echten Garten.

Rauhnacht-Rezept: Ofenkartoffeln mit verschiedenen Dips

Die Ofenkartoffeln, die meine Großmutter in den Rauhnächten zubereitete, waren keine kulinarische Raffinesse, sondern eine Lehre in Dankbarkeit. »Diese Kartoffeln«, sagte sie beim Kochen, »haben den ganzen Sommer in der Erde verbracht und die Kraft der Sonne gesammelt; wenn wir sie nachher essen, nehmen wir diese Kraft und dieses Licht in uns auf – ist das nicht ein Grund zur Dankbarkeit?«

(FÜR 4 PERSONEN)

Zutaten

- 8 große festkochende Kartoffeln
- 4 EL Olivenöl
- 2 TL Meersalz
- 1 TL getrocknete Kräuter
- frischer Rosmarin
- etwas Butter zum Servieren

Die Dips

- *Kräuterquark*
- 250 g Quark
- 100 g Joghurt
- frische Kräuter (Schnittlauch, Petersilie, Dill)
- Salz, Pfeffer
- *Avocadodip*
- 2 reife Avocados
- 1 Limette
- 1 kleine Zwiebel
- Frischer Koriander
- Salz, Pfeffer
- *Tomatendip*
- 4 getrocknete Tomaten
- 100 g Frischkäse
- 1 Knoblauchzehe
- Basilikum
- Olivenöl

So wird's gemacht

- Wascht die Kartoffeln gründlich und stecht sie mehrmals mit einer Gabel ein.
- Tupft sie trocken und reibt sie mit Öl ein.
- Mischt Salz und Kräuter und reibt die Kartoffeln damit ein. Legt frischen Rosmarin dazu.
- Bei 200 °C kommen die Kartoffeln für 50–60 Minuten in den Ofen. Mit der Gabelprobe prüft ihr, ob sie gar sind.

Die Dips

- Für den Kräuterquark hackt ihr die frischen Kräuter fein und rührt sie mit Quark und Joghurt glatt.
- Den Avocadodip richtet ihr mit zerdrückten Avocados, Limettensaft und fein gewürfelten Zwiebeln an.

- Für den Tomatendip weicht ihr die Tomaten ein, hackt sie fein und vermischt sie mit Frischkäse und Kräutern.

Schneidet die heißen Kartoffeln längs ein, gebt etwas Butter hinein und brecht sie leicht auf. Die Dips kommen in schöne Schälchen und werden kalt serviert.

Probiert verschiedene Füllungen aus: vegetarisch mit gebratenem Gemüse und Pilzen, deftig mit überbackenem Käse und Bohnen oder süß mit Honig-Kräuterquark und Apfelmus.

Dazu passen bunte Blattsalate, Ofengemüse oder knackige Rohkost.

Darauf solltet ihr achten

Wählt Kartoffeln in gleicher Größe, wendet sie regelmäßig und serviert sie heiß. Die Dips sollten immer aus frischen Zutaten zubereitet und gut gekühlt werden. Deckt den Tisch schön, stellt alle Dips und Beilagen bereit und genießt das gemeinsame Essen.

Ofenkartoffeln mit verschiedenen Dips sind ein perfektes Essen zum Teilen. Sie erinnern uns daran, dankbar zu sein für gutes Essen und die Menschen, mit denen wir es teilen können.

Märchen: Timos wunderbarer Schattenspiegel

Timo saß in seinem Zimmer und war ziemlich missmutig. Draußen regnete es schon den dritten Tag in Folge, sein bester Freund war krank und sein neues Computerspiel funktionierte nicht. »So ein blöder Tag«, murmelte er und kickte einen Stapel Bücher von seinem Bett.

Mit lautem Poltern fielen die Bücher zu Boden und etwas Glänzendes rollte darunter hervor. Es war ein alter Handspiegel, den seine Großmutter ihm vor langer Zeit geschenkt hatte. »Damit kannst du sehen, was wirklich wichtig ist«, hatte sie gesagt. Timo hatte den Spiegel achtlos unter die Bücher geschoben.

Jetzt hob er ihn auf und betrachtete ihn genau. Der Rahmen war aus dunklem Holz, in das seltsame Zeichen geschnitzt waren. Als Timo hineinschaute, sah er zuerst nur sein mürrisches Gesicht. Doch dann begann die Spiegelfläche zu schimmern wie Mondlicht auf einem See.

»Hallo, Timo«, sagte plötzlich eine sanfte Stimme. Timo erschrak so sehr, dass er den Spiegel fast fallen ließ. Die Stimme kam aus dem Spiegel selbst!

»Wer … wer bist du?«, fragte er vorsichtig.

»Ich bin der Schattenspiegel«, antwortete die Stimme. »Ich zeige die Schatten hinter den Dingen – und manchmal sind diese Schatten heller als das Licht.«

»Was meinst du damit?«, fragte Timo verwirrt.

»Schau selbst«, sagte der Spiegel.

Timo sah den Regen draußen vor seinem Fenster – aber im Spiegel tanzten die Tropfen wie silberne Perlen. Sie fielen auf die Erde und ließen überall kleine Pflänzchen sprießen. »Der Regen bringt neues Leben«, erklärte der Spiegel. »Er macht die Welt frisch und sauber.«

Dann zeigte der Spiegel Timos kranken Freund Paul. Aber statt ihn krank im Bett zu zeigen, sah Timo, wie Paul ihm letzte Woche sein Lieblingsspielzeug geliehen hatte. »Ein wahrer Freund ist ein Geschenk«, sagte der Spiegel, »auch wenn er mal nicht da sein kann.«

Nach und nach zeigte der Spiegel Timo noch mehr Bilder: seine Mutter, die ihm jeden Abend eine Geschichte vorlas. Seine kleine Schwester, die immer mit ihm Kekse teilte. Seine warme, gemütliche Bettdecke. Den Kakao, den seine Mutter ihm an Regentagen machte.

»Manchmal verstecken sich die wertvollsten Dinge im Schatten unserer schlechten Laune. Wir müssen nur genau hinschauen«, sagte der Spiegel.

Timo betrachtete die Bilder im Spiegel. Mit jedem Bild wurde sein Herz ein bisschen leichter. »Aber kann ich das alles auch sehen, wenn du gerade nicht zur Hand bist?«, fragte er.

Der Spiegel lachte leise. »Ich bin nur ein Spiegel. Die wahre Magie liegt in deinem Herzen. Schließ die Augen und denk an all die guten Dinge in deinem Leben.«

Timo schloss die Augen. Tatsächlich – all die schönen Bilder waren da, wie ein warmes Leuchten in seinem Inneren. Als er die Augen wieder öffnete, sah er im Spiegel nur noch sein eigenes Gesicht. Aber diesmal lächelte es. Schnell sprang er vom Bett auf und lief in die Küche.

»Mama«, rief er, »können wir einen heißen Kakao machen? Und dann lese ich Paul am Telefon eine Geschichte vor – das muntert ihn bestimmt auf!«

Seine Mutter schaute überrascht, aber erfreut. »Was ist denn mit deiner schlechten Laune passiert?«

Timo lächelte vielsagend. »Das ist mein Geheimnis«, sagte er. Der Schattenspiegel in seiner Tasche wurde ganz warm und Timo wusste, dass er von nun an immer die hellen Seiten finden würde – auch ohne in den Spiegel zu schauen.

Und wenn andere Kinder manchmal fragten, warum er sogar an »blöden« Tagen lächeln konnte, zuckte er nur mit den Schultern und sagte: »Man muss nur wissen, wo man das Licht suchen muss – manchmal versteckt es sich in den Schatten.«

Gesprächsimpulse für nach der Geschichte

- Was macht euch heute besonders dankbar?
- Welche »Schatten« könntet ihr anders sehen?
- Was würdet ihr in eurem eigenen Schattenspiegel gerne sehen?
- Welche drei guten Dinge habt ihr heute schon erlebt?

12. Zaubernacht

Lass dein inneres Licht hell strahlen

★ 5. Januar

DIE zwölfte Rauhnacht war in meiner Kindheit die lichtvollste aller Nächte, denn meine Großmutter versammelte uns Kinder im Kreis um den Ofen und gab jedem eine kleine Kerze in die Hand. »Seht ihr«, sagte sie mit ihrer sanften, weisen Stimme, »so wie diese Flamme das Dunkel vertreibt, so trägt jeder Mensch ein Licht in sich. Und wenn wir alle unsere Lichter zusammenbringen, können wir selbst die längste Nacht erhellen.«

Diese letzte der zwölf Rauhnächte, die vom 5. auf den 6. Januar fällt, markiert seit jeher einen besonderen Übergang. Als Dreikönigstag bekannt, schließt sie den Kreis der heiligen Zeit und öffnet das Tor zum neuen Jahr vollständig. In vielen alpinen Regionen ziehen an diesem Tag die Lichtperchten durch die Dörfer – prachtvolle Gestalten mit glänzenden Spiegeln, die das zurückkehrende Sonnenlicht symbolisieren und den Winter endgültig vertreiben sollen.

Besonders für die Kinder ist diese Zeit magisch. Mit selbst gebastelten Laternen folgen sie dem uralten Brauch, das Licht zu feiern und die letzten Schatten der dunklen Jahreszeit zu bannen. Es ist ein Ritual der Hoffnung und Zuversicht – eine Erinnerung daran, dass auch in uns ein unauslöschliches Licht wohnt, das nur darauf wartet, entfacht zu werden und für andere zu leuchten.

Wir sind kleine Sonnen – Sonnenspiele

Das Spiel »Wir sind kleine Sonnen« erinnert uns daran, dass jeder von uns ein inneres Licht trägt, das wir mit anderen teilen können. Diese alten Lichterspiele haben ihren Ursprung in den Bräuchen der Rauhnächte, als unsere Vorfahren mit symbolischen Handlungen die Rückkehr der Sonne nach der Wintersonnenwende feierten und das Licht in die dunkle Jahreszeit zurückriefen.

Das braucht ihr

- gelbe und goldene Tücher
- Glitzerbänder
- kleine Spiegel
- Teelichter (LED) oder Kerze
- sanfte Musik
- gelbe Papiere
- goldene Stifte
- Glitzersterne
- bunte Bänder
- kleine Glöckchen

- Legt Kissen im Kreis aus und stellt eine oder mehrere Kerzen in die Mitte. Wenn ihr keine LED, sondern echte Kerzen verwendet, müssen die Erwachsenen gut achtgeben, dass ihr beim Tanzen oder Schwingen weit genug von der Kerze entfernt seid! Die Tücher liegen bereit. Macht den Raum etwas dunkler, spielt leise Musik und lasst alle zur Ruhe kommen.

- **Der Sonnenkreis:** Stellt euch im Kreis auf, breitet die Arme aus und dreht euch langsam wie Sonnenstrahlen. Spürt dabei, wie ihr durch eure Drehbewegung Energie aufnehmt und nach außen abgebt – ganz wie die Sonne, die beständig Wärme und Licht schenkt.
- **Die Sonnenstrahlen:** Schwingt die Tücher, lasst die Bänder tanzen und zeichnet große Kreise in die Luft, als würdet ihr Licht verteilen. Mit jedem Schwung der goldenen und gelben Tücher stellt ihr euch vor, wie Sonnenstrahlen in alle Richtungen ausgesandt werden und jeden Winkel mit Wärme und Helligkeit füllen.
- **Der Sonnentanz**: Bewegt euch zur Musik, sendet Strahlen aus und gebt das Licht weiter – zusammen leuchtet ihr wie viele kleine Sonnen. Lasst die Bewegungen fließend ineinander übergehen wie die Sonnenstrahlen, die über den Horizont tanzen, wenn die Sonne am Morgen aufgeht oder am Abend untergeht.

Besondere Lichterspiele

Fangt mit kleinen Spiegeln vorsichtig das Licht ein und gebt es weiter – dieses alte Symbol der Lichtperchten erinnert an die magischen Spiegel, mit denen einst das Sonnenlicht in dunkle Täler gelenkt wurde. Bildet eine Lichterbrücke aus LED-Lichtern, die wie ein leuchtender Pfad von einem zum anderen führt und euch miteinander verbindet. Lasst die Glitzersterne wie einen Sternenregen funkeln, indem ihr sie sanft in die Luft werft und beobachtet, wie sie im Kerzenschein glitzern.

- **Gemeinsam leuchten**
  Stellt alle Lichter auf und genießt die Stille im Kreis. Haltet euch an den Händen und gebt das Licht weiter, indem ihr sanft die Hand des Nachbarn drückt und spürt, wie die Energie durch den Kreis fließt. Steht wie ein Lichterwald mit erhobenen Armen und tragt das Licht nach oben, als wolltet ihr es dem Himmel entgegenstrecken und eure Verbindung zur Sonne bekräftigen.
- **Sonnenmeditation**
  Schließt die Augen und spürt eure innere Sonne. Atmet tief ein und stellt euch vor, wie das Licht durch euren Körper strömt und jede Zelle mit goldener Energie erfüllt. Legt die Hand aufs Herz und lasst eure Herzenssonne leuchten, spürt ihre Wärme und wie sie euer Inneres mit Freude und Zuversicht durchflutet.

Zum Abschluss

Sammelt euch noch einmal im Kreis, reicht euch die Hände und spürt die gemeinsame Kraft. Nehmt das Licht mit nach Hause, bewahrt es in eurem Herzen und teilt es mit anderen. Erinnert euch daran, dass ihr auch in den dunkelsten Stunden Lichtträger sein könnt – für euch selbst und für alle, die euch begegnen.

Ein Morgenritual

Begrüßt morgens gemeinsam die Sonne im Osten, wie das schon unsere Vorfahren in den heiligen zwölf Nächten gemacht haben. Zündet eine Kerze an, sprecht einen Wunsch und teilt das Licht, indem ihr eine Flamme an die nächste Kerze weitergebt – ein uraltes Symbol für die Weitergabe von Wissen und Hoffnung. Schmückt den Raum wie einen Sonnentempel mit goldenen Symbolen und Spiegeln und feiert zusammen die Kraft des Lichts.

Was ihr über die wilden Perchten wissen müsst

In der Nacht vom 5. auf den 6. Januar wird die Perchtnacht gefeiert. In unserem Dorf gab es in meiner Kindheit noch echte Perchtenläufe und meine Großmutter nahm mich an der Hand, wenn die maskierten Gestalten durch die verschneiten Gassen zogen. »Diese Bräuche sind wie ein Faden, der uns mit unseren Vorfahren verbindet«, sagte sie, während die Glockenketten der Perchten klirrten und ihre Schritte im gefrorenen Schnee knirschten.

Die Perchten sind uralte Wintergestalten und Helfer der Frau Perchta. Junge Männer verkleiden sich mit fantasievollen Kostümen, tragen bunte Masken, Fellgewänder und haben klingende Glöckchen und leuchtende Laternen dabei. Mit ihren großen Masken, die oft Hörner und spitze Zähne haben, sehen sie manchmal richtig gruselig aus.

Beim Perchtenlauf ziehen sie fröhlich durch die Dörfer. Sie tanzen, springen hoch in die Luft und stampfen kräftig auf den Boden. Nach einer alten Geschichte soll das Korn im Sommer nur so hoch wachsen können, wie die Perchten springen! Sie tanzen auch um Feuer, schwingen Fackeln und machen mit ihren Laternen die dunkle Winternacht hell und gemütlich.

Die Perchten wünschen allen ein gutes neues Jahr und bringen Segen. Manchmal verteilen sie frisches Quellwasser an die Zuschauer. Sie können auch ein bisschen übermütig werden und die Zuschauer necken, indem sie sanft an ihren Haaren ziehen oder sie spielerisch mit einem Besen hauen.

Es gibt zwei Arten von Perchten. Die Lichtbringer tragen helle Masken und goldene Gewänder, segnen die Menschen und bringen Glück. Mit süßen Melodien ihrer Glöckchen und leuchtenden Stäben tanzen sie fröhliche Tänze.

Aber auch vor den dunklen Perchten muss man keine Angst haben, denn sie sind unsere wilden Beschützer: Mit ihren dunklen Masken und zotteligen Fellen, tiefen Stimmen und lauten Schellen machen sie wuchtige Sprünge und stampfende Tänze, um alles Böse zu vertreiben.

Für Kinder ist es wichtig zu wissen: Die Perchten sind Helfer des Lichts und Freunde der Kinder. Sie beschützen alle Guten und zeigen uns, dass das Licht immer stärker ist als die Dunkelheit. Sie erinnern uns daran, dass nach jedem Winter der Frühling kommt und neues Leben erwacht.

Der Lichtperchten-Laternenumzug

Wie die alten Perchten das Licht in der Dunkelheit beschützten, so können auch wir unser eigenes inneres Licht zum Leuchten bringen. Mit selbst gebastelten Masken und Laternen verwandeln wir uns in fröhliche Lichtperchten, die Freude und Helligkeit verbreiten. Dieser kleine Laternenumzug hilft Kindern, die schönen Seiten der Perchtentradition zu erleben und zu verstehen, dass jeder von uns ein Lichtbringer sein kann.

Das braucht ihr

- Papier oder leichte Kartons
- Buntpapier, Glitzer, Goldfolie
- Kleber und Schere
- kleine Laternenstäbe
- sichere LED-Lichter
- Glöckchen oder Schellen
- Musik zum Tanzen

Los geht's

1. Lichtmasken basteln

Jedes Kind gestaltet seine eigene »Lichtperchten-Maske« aus Papier oder Karton. Verziert sie mit hellen Farben, Glitzer und goldenen Elementen, die das Licht widerspiegeln. Die Masken können sehr einfach sein – vielleicht mit einer fröhlichen Sonne, funkelnden Sternen oder strahlenden Augen.

2. Laternen gestalten

Bastelt gemeinsam kleine Laternen, in die ihr sichere LED-Lichter stellen könnt. Verziert sie mit Sternen, die ausgeschnitten werden können, damit das Licht hindurchscheint. Die Laternen symbolisieren euer inneres Licht.

3. Der Lichtperchten-Tanz

Lernt gemeinsam einen einfachen Tanz:

- Stellt euch im Kreis auf.
- Haltet eure Laternen hoch.
- Macht drei Schritte nach rechts, dann einen freudigen Sprung
- Stampft dreimal sanft mit den Füßen (wie die Perchten, die das Korn wachsen lassen).
- Dreht euch einmal um euch selbst.

4. Lichterwünsche

Jedes Kind darf einen guten Wunsch für die Gruppe, die Familie oder die Natur aussprechen. Während des Wunsches halten alle ihre Lichter besonders hoch.

5. Umzug durch Haus oder Garten

Nun zieht gemeinsam mit euren Masken, Laternen und kleinen Glöckchen durch das Haus oder den Garten. Singt dabei ein einfaches Lied über Licht und Dunkelheit, zum Beispiel:

»Unser Licht, es leuchtet hell,
Vertreibt die Dunkelheit so schnell.
Wie die Perchten tanzen wir,
Bringen Freude, Licht und Glück zu dir.«

1. **Abschlusskreis**

   Am Ende stellt ihr euch wieder im Kreis auf, haltet alle Lichter in die Mitte und sprecht gemeinsam:

   »Wie die Perchten das Licht beschützen,
   So lassen wir unser inneres Licht strahlen.
   Hell und klar durch die dunkle Zeit,
   Bis der Frühling wieder neu erblüht.«

Mit diesem kleinen Ritual lernen Kinder spielerisch die positiven Aspekte der Perchtentradition kennen – das Lichtbringen, die Gemeinschaft und das Vertreiben der Dunkelheit.

Fantasiereise: Die Perchten des Waldes

(Mit ruhiger, sanfter Stimme vorlesen. Pausen an den … einlegen)

Mache es dir bequem und schließe deine Augen … Spüre, wie weich dein Kissen ist … wie warm deine Decke … Atme tief ein und aus … Mit jedem Atemzug wirst du ruhiger …

Es ist eine besondere Nacht … Der Vollmond scheint durch dein Fenster … Sein silbernes Licht hüllt dich ein wie ein weicher Mantel … Du fühlst dich ganz leicht …

Stell dir vor, wie du dich vom Mondlicht tragen lässt … Es hebt dich sanft hoch … trägt dich durch das Fenster … hinaus in die sternenklare Nacht …

Unter dir liegt ein verschneiter Wald … Die Bäume tragen weiße Mützen … ihre Zweige glitzern im Mondlicht … Der Mond zeigt dir den Weg zu einer besonderen Lichtung …

Sanft landest du im weichen Schnee … In der Mitte der Lichtung siehst du ein kleines Feuer … es flackert golden in der kalten Winterluft … Um das Feuer herum stehen seltsame Gestalten …

Es sind die Perchten des Waldes … wilde Wesen mit zottigen Fellen und kunstvollen Masken … Ihre Augen leuchten wie Sterne in der Dunkelheit … Sie bilden einen Kreis um das Feuer …

Die größte Perchta tritt vor … Sie trägt eine prächtige Maske mit goldenen Hörnern … »Willkommen in der letzten Rauhnacht«, spricht sie mit tiefer, warmer Stimme … »Wir haben dich erwartet« …

Du spürst keine Angst, nur Neugier … Die Perchten sind wilde Beschützer der Winternacht … Sie kennen die Geheimnisse des Jahreswechsels … die Magie zwischen den Jahren …

»In dieser Nacht«, erklärt die große Perchta, »öffnet sich der Schleier zwischen den Welten … Du kannst das Licht in dir erkennen … das Gute, das in deinem Herzen wohnt« …

Die Perchten beginnen, langsam um das Feuer zu tanzen … Ihre Schritte folgen einem uralten Rhythmus … Mit jedem Schritt werden ihre Gestalten heller … Aus wilden Schattengestalten werden strahlende Lichtperchten …

Eine kleinere Perchta mit einer silbernen Maske tritt zu dir … »Schau mal in die Flammen«, flüstert sie … »Dort kannst du dein wahres Licht erkennen« …

Du blickst in das Feuer … Die Flammen tanzen und formen Bilder … Sie zeigen dir Momente, in denen du freundlich warst … hilfsbereit … mutig … liebevoll … Alle guten Eigenschaften, die in dir wohnen …

»Jeder Mensch trägt ein Licht in sich«, erklärt die silberne Perchta … »Aber manche verstecken es … aus Angst, zu hell zu leuchten … oder nicht zu genügen … Aber das Licht ist trotzdem immer da« …

Die Perchten bilden nun einen engeren Kreis um dich und das Feuer … Sie halten kleine, leuchtende Kristalle in ihren Händen … »Dies sind Seelenspiegel«, sagt die große Perchta … »Sie zeigen dir das Gute, das andere in dir sehen« …

In jedem Kristall siehst du ein anderes Bild … wie dich deine Freunde sehen … deine Familie … sogar Fremde, denen du begegnet bist … Du erkennst, wie viel Wärme du bereits in die Welt gebracht hast …

»Doch manchmal«, spricht eine Perchta mit einer Maske aus Birkenzweigen, »verdecken Sorgen und Zweifel dein inneres Licht … Sie sind wie dunkle Wolken vor deiner Sonne« …

Die Perchten heben ihre Hände zum Nachthimmel … Ihre Finger glühen wie Sternschnuppen … »Wir sind die Hüter der Rauhnächte … Wir vertreiben die Dunkelheit … Wir beschützen das Licht in allen Wesen« …

Mit einem mächtigen Stampfen ihrer Füße lassen sie Funken aus dem Schnee sprühen … Die Funken steigen auf und verwandeln sich in goldenes Licht … Es umhüllt dich wie ein warmer Mantel …

»Nimm dieses Licht mit in das neue Jahr«, sagt die große Perchta … »Es wird dir helfen, dein eigenes Licht strahlen zu lassen … auch wenn Stürme kommen … auch wenn die Nacht dunkel scheint« …

Die Perchten beginnen einen letzten Tanz um das Feuer … Ihre Gestalten werden immer leuchtender … Bis sie nur noch aus Licht zu bestehen scheinen … Ihr Tanz wirbelt Schneeflocken und Funken durcheinander …

Das Feuer lodert hoch auf … Die Lichtperchten verschmelzen mit den Flammen … Eine Welle aus warmem Licht breitet sich über die Lichtung aus … sie durchströmt auch dich …

Du spürst, wie sich das Licht in deinem Inneren mit dem Licht der Perchten verbindet … Eine tiefe Wärme breitet sich in dir aus … Ein Gefühl von Kraft und Zuversicht …

Langsam beginnt das Mondlicht, dich wieder zu umhüllen … Es hebt dich sanft von der Lichtung … Trägt dich über den verschneiten Wald … Zurück zu deinem Fenster … Du gleitest zurück in dein Bett …

Atme tief ein und aus … Spüre, wie die Kraft der Perchten in dir weiterwirkt … wie dein eigenes Licht stärker geworden ist … Wenn du bereit bist, öffne langsam deine Augen …

Ausklang

- Bleibt noch einen Moment ruhig liegen und spürt nach, wie ihr euch fühlt.
- Wer möchte, darf erzählen:
- Was habt ihr in den Flammen oder Kristallen gesehen?
- Welche Botschaft der Perchten war besonders wichtig?
- Wie fühlt sich euer inneres Licht an?

Rauhnacht-Rezept: Neujahrsbrezeln aus Hefeteig

In der zwölften Rauhnacht erfüllte der Duft frisch gebackener Neujahrsbrezeln unser Haus. Während meine Großmutter den Hefeteig knetete und formte, sagte sie einmal zu mir: »Sieh dir die Form der Brezel an, Valentin: sie hat keinen Anfang und kein Ende, genau wie das Jahr ein ewiger Kreislauf ist.«

(FÜR 8–10 NEUJAHRSBREZELN)

Zutaten

Für den Teig

- 500 g Mehl
- 1 Würfel frische Hefe
- 250 ml lauwarme Milch
- 60 g Butter

- 50 g Zucker
- 1 Ei
- 1 Prise Salz
- Abrieb einer Biozitrone

Zum Bestreichen

- 1 verquirltes Ei
- 2 EL Milch
- Hagelzucker zum Bestreuen
- optional: Mandelstifte
- Zerbröckelt die Hefe und verrührt sie mit etwas Milch und Zucker. Nach 10 Minuten sollte sich Schaum bilden. Währenddessen siebt ihr das Mehl in eine Schüssel, lasst die Butter schmelzen und macht die Milch lauwarm.
- Alle Zutaten kommen zum Vorteig und werden 10 Minuten kräftig geknetet. Der geschmeidige Teig darf dann zugedeckt an einem warmen Ort eine Stunde ruhen, bis er sich verdoppelt hat.
- Teilt den Teig in Portionen und rollt sie zu Strängen, die in der Mitte dicker und an den Enden dünner sind. Formt daraus die typische Brezelform: zur Schleife legen, die Enden überkreuzen und nach oben schlagen.
- Legt ein Backblech mit Papier aus und heizt den Ofen auf 180 °C vor.
- Bestreicht die Brezeln mit der Ei-Milch-Mischung, streut Hagelzucker darüber und backt sie 20–25 Minuten goldbraun.

Leckere Variationen

Die süße Version bekommt mehr Zucker, Vanille und Zimt. Als Glücksbringer könnt ihr kleine Mandeln einbacken und Glückszettel beilegen. Besonders festlich wird's mit Glitzerzucker und goldener Dekoration.

Bewahrt die Brezeln in einer luftdichten Dose auf und esst sie am besten bald. Kurz aufgebacken und mit etwas Butter schmecken sie wieder wie frisch.

Schöne Traditionen

Verpackt die Brezeln hübsch in Zellophan mit Band und verschenkt sie mit guten Wünschen. Oder teilt sie im Kreis mit lieben Menschen und tauscht Neujahrswünsche aus.

Die Bedeutung

Die Brezelform steht für den endlosen Kreis des Lebens, für Verbundenheit und einen neuen Anfang. Sie bringt Glück, stärkt die Gemeinschaft und verbindet das alte mit dem neuen Jahr.

Märchen: Katis Reise durch die Wolkenstadt

Kati stand am Fenster und beobachtete die Wolken, die über den Himmel zogen. Manche sahen aus wie Schiffe, andere wie Drachen oder Schlösser. Eine besonders große Wolke schwebte direkt über dem Haus und erinnerte Kati an eine Stadt mit vielen Türmen.

»Wie es wohl wäre, in einer Stadt aus Wolken zu leben?«, murmelte sie und lehnte ihre Stirn an die kühle Fensterscheibe. Da beschlug das Glas unter ihrem Atem und aus dem Nebel formten sich Worte: »Komm und finde es heraus!«

Ehe Kati sich versah, wurde das Fenster durchsichtig wie ein Seifenblasenfilm. Sie spürte einen sanften Zug und schon schwebte sie durch die Luft, direkt auf die große Wolke zu. Je näher sie kam, desto deutlicher konnte sie die Wolkenstadt erkennen. Da waren Straßen aus silbernem Nebel, Häuser aus flauschigen Kumuluswolken und hohe Türme aus schimmernden Eiskristallen. Über allem lag ein zartes Leuchten wie von tausend Sternen. Eine Treppe aus Morgennebel führte hinauf zum Stadttor. Vor dem Tor stand ein merkwürdiges Wesen – halb Mensch, halb Windhauch. »Willkommen in Nebelland«, sagte es. »Ich bin der Windwächter. Magst du unsere Stadt erkunden?«

Kati nickte begeistert. »Ja, sehr gern! Aber … wo soll ich anfangen?«

Der Windwächter lächelte. »Das ist deine Entscheidung. In Nebelland gibt es vier besondere Orte. Du kannst wählen, wohin dein Weg dich führt.«

Er deutete nach Norden. »Dort liegt der ›Palast der Träume‹. In seinen Sälen schweben all die ungeträumten Träume und warten darauf, entdeckt zu werden.«

Sein Arm schwenkte nach Osten. »Hier findest du den ›Garten der Möglichkeiten‹, wo aus jedem Tropfen eine andere Zukunft wächst.«

Nach Süden zeigend erklärte er: »In dieser Richtung liegt die ›Halle der Spiegel‹, wo du dich selbst mit den Augen deines Herzens sehen kannst.«

Zuletzt wies er nach Westen. »Und dort steht der ›Turm der Weisheit‹, in dem die alten Wolkengeister ihre Geschichten erzählen.«

Kati überlegte. Alle Orte klangen wunderbar. »Darf ich nur einen besuchen?«

»Du darfst alle besuchen«, antwortete der Windwächter. »Aber der erste Ort, den du wählst, wird dir ein besonderes Geschenk machen. Höre auf dein Herz!«

Kati schloss die Augen und lauschte in sich hinein. Sie spürte, wie eine sanfte Kraft sie nach Osten zog, zum Garten der Möglichkeiten. Der Weg dorthin führte über Brücken aus Regenbogenlicht. Im Garten wuchsen Blumen aus Kristall, deren Blüten sich öffneten und schlossen wie atmende Sterne. In jeder Blüte sah Kati ein anderes Bild: sich selbst als mutige Forscherin, als Geschichtenerzählerin, als Tierärztin, als Künstlerin.

»All diese Möglichkeiten schlummern in dir«, sagte eine Eisblume mit silberner Stimme. »Jede Entscheidung, die du triffst, ist ein Samen, den du pflanzt.«

Kati wanderte zur Halle der Spiegel. Die Spiegel dort zeigten nicht ihr Äußeres – sondern ihre innere Stärke, ihre Träume und die Liebe in ihrem Herzen.

Im Palast der Träume begegnete sie einem ungeträumten Traum – er war eine Schneeflocke aus warmem Licht und schmeckte nach Sommerwind.

Zuletzt bestieg sie den Turm der Weisheit, wo die Wolkengeister ihr zuflüsterten: »Vertraue dir selbst. Dein Herz weiß den Weg.«

Als die Sonne sich neigte, brachte der Windwächter Kati zum Stadttor zurück. »Was nimmst du mit aus Nebelland?«, fragte er lächelnd.

Kati dachte nach. »Ich nehme mit, dass alle Wege gut sein können, wenn sie von Herzen kommen. Und dass jede Entscheidung ein neuer Anfang ist.«

Der Windwächter nickte zufrieden. Er überreichte ihr eine kleine Phiole mit schimmerndem Nebel. »Dies ist Entscheidungsnebel aus Nebelland. Wenn du einmal nicht weiterweißt, lass einen Tropfen auf deine Handfläche fallen. Er wird dir helfen, auf dein Herz zu hören.«

Sanft wie eine Feder schwebte Kati zurück zu ihrem Fenster. Als sie sich umdrehte, sah die große Wolke wieder aus wie eine gewöhnliche Wolke. Aber in ihrer Hand hielt sie die Phiole mit dem schimmernden Nebel und in ihrem Herzen trug sie die Gewissheit, dass sie ihrem inneren Kompass vertrauen konnte.

Gesprächsimpulse für nach der Geschichte

- Welchen der vier Orte in Nebelland würdest du als Erstes besuchen und warum?
- Was, glaubst du, würdest du im »Garten der Möglichkeiten« über dich selbst entdecken?
- Welche deiner Eigenschaften würden die Spiegel in der »Halle der Spiegel« wohl zeigen?
- Hast du schon einmal »auf dein Herz gehört«, um eine Entscheidung zu treffen? Wie ist es ausgegangen?
- Welche Weisheit würden dir die alten Wolkengeister im »Turm der Weisheit« mit auf den Weg geben?
- Was ist dein wichtigster Wunsch für das kommende Jahr?

Ein kleiner Rückblick auf die Rauhnächte

Die besinnliche Zeit der Weihnachtstage und Rauhnächte geht nun dem Ende zu. Ich hoffe, dass meine Anregungen dir helfen konnten, diese besondere Zeit gemeinsam mit deinem Kind oder deinen Kindern sinnvoll und schön zu gestalten.

Die Rauhnächte bieten wunderbare Gelegenheiten, gemeinsam Zeit zu verbringen, achtsam mit sich selbst und den Seinen umzugehen. Eine Zeit, in die Stille einzutauchen und zur Ruhe zu kommen, in einer oft unruhigen Welt. Und vielleicht konntet ihr auch neue Weichen stellen und euch neue Ziele setzen.

Im Laufe meines nun doch schon recht langen Lebens habe ich viele Wege kennengelernt – und versucht, so viele wie möglich in diesem Buch an dich weiterzugeben. Natürlich ist mir bewusst, dass man nicht all das umsetzen kann. Betrachte die Vorschläge als Angebote, aus denen du frei wählen kannst.

In diesem Sinne schlage ich vor, am Ende der Rauhnächte noch einmal innezuhalten und die gemeinsame Zeit bewusst abzuschließen. Vielleicht mit einem kleinen Ritual für den letzten Abend: Zündet gemeinsam Kerzen an, werdet still und sprecht über die Erfahrungen der vergangenen Tage. Was hat besonders berührt? Welche Momente bleiben in Erinnerung?

- Nimm die Impulse auch mit ins neue Jahr. Sammle die entstandenen Kunstwerke, Tagebücher und Fotos. Viele der Fantasiereisen, Rezepte, Spiel- und Bastelanleitungen eignen sich auch für andere Zeiten im Jahr. Die wertvollen Erkenntnisse müssen nicht mit dem Ende der Rauhnächte verschwinden. Rituale wie das Traumtagebuch, die Schatzkiste und gemeinsame Lichtermomente können ihren festen Platz im Familienleben behalten.

In einer Zeit, in der digitale Medien die Herrschaft über Freizeit und menschliche Beziehungen übernommen haben, ist es wichtiger denn je, mit seinen Kindern zu sprechen. Frag deine Kinder, welche Rauhnacht ihnen besonders in Erinnerung geblieben ist, was ihnen Freude bereitet hat oder welche Träume sie für die Zukunft haben. Es ist ungeheuer wertvoll, gemeinsam Zeit zu verbringen, miteinander zu reden und kreativ zu sein. Mit anderen Worten: Bleibe in Kontakt mit dir selbst und deinen Kindern.

Die besondere Energie der Rauhnächte lässt sich im Alltag bewahren, indem wir aufmerksam bleiben für die kleinen Wunder des Tages. Wir können weiterhin auf unsere Träume achten, Zeichen deuten und unserer Intuition vertrauen. Die Magie ist nicht an bestimmte Tage gebunden – sie lebt in unserer Aufmerksamkeit und Dankbarkeit.

Die Rauhnächte sind wie Samenkörner, die wir in unserem Herzen tragen. Mit Aufmerksamkeit und Liebe können sie das ganze Jahr über wachsen und blühen. Vergessen wir nicht, dass wir selbst die Gestalter unseres Lebens sind. So gesehen ist das Ende der Rauhnächte nicht wirklich ein Ende, sondern der Beginn einer neuen, bewussteren Art, gemeinsam durch das Jahr zu gehen.

Auf deiner Reise durch das Jahr wünsche ich dir viele schöne Begegnungen, spannende Erfahrungen und bereichernde Inspirationen.

Dein Valentin Kirschgruber

MIX
Papier | Fördert gute Waldnutzung
FSC® C106855

Penguin Random House Verlagsgruppe FSC® N001967

1. Auflage

in der Penguin Random House Verlagsgruppe GmbH,
Neumarkter Straße 28, 81673 München
produktsicherheit@penguinrandomhouse.de
(Vorstehende Angaben sind zugleich Pflichtinformationen nach GPSR.)

Umschlag: ki 36 Editorial Design, München
Umschlagmotiv: © Heidi Gruber
Bildredaktion: Oana Marchis
Satz: Uhl + Massopust, Aalen
Druck und Bindung: Print Consult GmbH
Printed in Slovenia
SC · CB
ISBN 978-3-424-63281-1

www.kailash-verlag.de

Bildnachweis

Illustrationen:

Daniela Hofner: Icons, Schnee und Zweige
Heidi Gruber: Füchse

Fotos:

Adobe Stock: 6/7 (Arlington Vance), 20/21 (Paul Steven), 34/35 (Tunatura), 43 (standret), 50 (Natalia), 54/55 (nataba), 57 (Delphotostock), 65 (Alekss), 74/75 (delbars), 82 (Patrick Daxenbichler), 91 (vadim_fl), 92 (jojoo_64), 94/95 (WildMedia), 98 (yaz.monroe), 105 (tickcharoen04), 110 (delbars), 118/119 (johny87), 128 (Dinadesign), 131 (Ivan Kmit), 140/141 (nataba), 147 (nordroden), 159 (Katerina Mirus), 161 (Susannahietanen), 162/163 (Mr Twister), 167 (Vlad Sokolovsky), 173 (Sanna), 178 (Den-belitsky), 186/187 (Nitr), 198 (ondrejprosicky), 202 (vitaliymateha), 206/207 (AlekseyKarpenko), 226/227 (Ann Stryzhekin), 231 (LIGHTFIELD STUDIOS), 241 (Igor), 244/245 (AGAMI);
shutterstock: 70 (Endemic India), 72 (ju_see), 114 (Erkki Makkonen), 116 (Natureandmorenature), 137 (Manzooranmai), 145 (Andrey Pristyazhnyuk), 157 (Sohail_bashir1), 169 (alexkich)